后浪潮声

"浙"里青年观察

（第一辑）

邵　鹏　吴晓平　主编

ZHEJIANG UNIVERSITY PRESS
浙江大学出版社
·杭州·

图书在版编目（CIP）数据

后浪潮声："浙"里青年观察. 第一辑 / 邵鹏，吴晓平主编. -- 杭州：浙江大学出版社，2024.3
ISBN 978-7-308-24623-1

Ⅰ. ①后… Ⅱ. ①邵… ②吴… Ⅲ. ①时事评论－中国－文集 Ⅳ. ①D609.9-53

中国国家版本馆CIP数据核字(2024)第035080号

后浪潮声："浙"里青年观察（第一辑）

邵　鹏　吴晓平　主编

责任编辑	吴沈涛
责任校对	陈　欣
责任印制	范洪法
封面设计	周　灵
出版发行	浙江大学出版社
	（杭州市天目山路148号　　邮政编码　310007）
	（网址：http://www.zjupress.com）
排　　版	杭州林智广告有限公司
印　　刷	浙江新华数码印务有限公司
开　　本	710mm×1000mm　1/16
印　　张	15
字　　数	215千
版 印 次	2024年3月第1版　2024年3月第1次印刷
书　　号	ISBN 978-7-308-24623-1
定　　价	78.00元

序　成就时代青年最强青春乐章

哲学社会科学是人们认识世界和改造世界的重要工具，体现了民族的思维能力、精神品格和文明素质。发展到一定阶段的哲学社会科学有其鲜明的特色与风格。

新时代哲学社会科学教育与培养目标要求我们的教学者在教学中讲好中国故事，不仅要向青年学子传递理论知识，还要传递新的研究方法与工具，帮助他们形成正确的知识体系框架与认知世界的方式。

党的二十大报告对青年成长具有极强的引导作用：青年强，则国家强，全党要把青年工作作为战略性工作来抓，用党的科学理论武装青年，用党的初心使命感召青年，做青年朋友的知心人、青年工作的热心人、青年群众的引路人。而这中间，培养什么人、怎样培养人、为谁培养人是教育的根本问题。

高校是意识形态工作的前沿阵地，也是新时代科学育人的重要场所，如何让青年人脚踏实地、敢想敢为又善作善成，是新时代大学教育需要深思常抓，贯穿每个教学工作者整个教学流程的重要课题。

当今时代，万物皆媒，我们深刻体会到，秉承马克思主义新闻观的中国新闻传播学必然是一门敢为人先的学科。从"三全育人"到"大思政"课程建设，青年学生的思想引领工作不断与时俱进，形成了大量卓有实效的教学成果；我们也深知在新的阶段，思政教育不仅限于课堂，还需要教育者搭建更宽广的平台，提供更多的资源。

自 2022 年以来，得益于学校和学院的高度重视和规划布局，在健行学院袁旦书记和王永固副院长的领导下，在由邵鹏、袁靖华、陈曼姣、杜艳艳、李兵、李芸、张李锐、吴晓平等老师组成的教师团队的指导下，健行学院和人文学院的同学们完成了80余篇时评热文，以青年之眼观时代浙江新变化，以青年之笔写下时代浙江新成就，以青年之思传递时代浙江发展新方略，实现了数量和质量的双丰收。

他们用笔墨写青春。当代大学生有自己的时代印记，是从小就接触并熟悉网络的"网生代"，能够熟练使用新媒体技术。从内容策划到宣传推广，他们不仅能呈现更加丰富多彩的内容，也更懂得运用大众熟知的青年话语。我们充分相信：他们能讲好习近平新时代中国特色社会主义思想，讲好当代中国马克思主义和21世纪马克思主义，讲好中华文化和中国精神。为了激发他们写出心中对社会主义发展的热爱与期待，教师团队组建专门的工作小组，与同学们探讨社会热点事件。可以看到，本书中的许多选题都是由青年学生自己找寻的，令人眼前一亮，书中的思考与建议，也都饱含年轻人的真挚情感。尽管各篇文章的篇幅只有数千字，但是篇篇精华，从酝酿到成稿，凝结了师生的共同心血。

文章紧跟时代热点。思想理论创新，除了要有宏大叙事，还要深入生活与日常，最重要的是紧跟热点，以小见大，与时代共鸣。本书中的文章主题多种多样，如关注中国动画的《中国动画何以重返巅峰？》；关注乡村振兴的《"浙茶"香飘十里路，"共富"迈进一大步》《电商潮起，乡约"浙"里》；聚焦"地瓜经济"、人工智能、民营经济发展、文旅融合等热点的《文旅局局长代言：如何从"出圈"到出彩？》《放心消费3.0：新的一年浙江应该如何做？》《这个"瓜"包大，包甜！》《特种兵式旅游》《AI时代，不变的是什么？》。本书既呈现了各地推进共同富裕的实践与探索，也体现了品茗赏花、观展共游等生活方式带来的烟火气、生活味与幸福感。

时评文章是时代大潮中的一叶扁舟，既承载着青年人感知世界的理想，也承载着后浪的思考与担当。借此机会，我们将这些优质的时评文章集辑出版，以飨读者。

本书指导教师组
2023 年 8 月 15 日

目 录

01 政治篇

知宪于心，守法于行 / 002

温度、深度、适度：如何传承民族记忆？ / 006

人民的安全，我来守护 / 010

中国航天事业中的"浙"份力量 / 013

正本清源，如何营造清朗网络空间？ / 017

02 经济篇

世界杯里的"浙元素"靠什么？ / 022

网红为什么在"浙"里火？ / 026

问鼎双节："浙妆"品牌为何崛起？ / 030

电竞为何在"浙"里实现弯道超越？ / 034

"浙"里的"智造"如何迈向未来？ / 038

杭嘉湖地区的天下粮仓之路 / 043

下一个十年，在"浙"里接力 / 047

文旅局局长代言：如何从"出圈"到出彩？ / 052

放心消费 3.0：新的一年浙江应该如何做？ / 056

"浙茶"香飘十里路，"共富"迈进一大步 / 061

赏花，火热了些什么？ / 065

这个"瓜"包大，包甜！ / 068

老字号品牌的新生路 / 072

"浙茶"如何"圈粉"青年？ / 076

特种兵式旅游 / 081

电商潮起，乡约"浙"里 / 085

乡村要"出圈"，风口在哪里？ / 091

03 社会篇

"浙"里跑马，风景独好 / 096

化"碍"为"爱"，如何让无障碍出行真正通达？ / 100

让公益长跑"顺其自然" / 104

AI时代，不变的是什么？ / 108

"国色"生香，看"浙"里亚运美不胜收 / 112

教育殊途，同归成才 / 116

"浙"里开拓，笃行不怠赢未来 / 121

别让"站岗"成为实习的唯一出路 / 125

5.5G第一城：浙江杭州为什么能接住第一棒？ / 128

昨夜星辰，未来更美 / 131

缓解毕业焦虑，逐梦正青春 / 135

静听生命"拔节"的声音 / 139

04 文化篇

从"心"出发，邂逅阳明 / 146

从二次元到元宇宙：城市背后的创新魅力 / 150

中国动画何以重返巅峰？ / 154

"浙"里知，味生活 / 157

一把剪刀"质造"的"红帮"理想 / 160

影视产业为何在"浙"里集聚？ / 164

守护人间烟火气 / 168

幸福不只是有烟花 / 171

无论多远，都挡不住我们回家的脚步 / 174

诗画浙江，"浙"里正精彩！ / 177

"浙"里携行，探寻一首可以共舞的"非遗"之歌 / 182

明前龙井为何经久不衰？ / 186

斯人若彩虹，遇上方知有 / 190

国际博物馆日："浙"里的小众博物馆，你了解多少？ / 195

别让"非遗"成为"非议" / 198

小小龙舟行，漫漫非遗路 / 202

西子湖畔花已绽，唐风宋韵踏"夏"来 / 206

05 生态篇

新在能源，新在低碳 / 212

丽逸江南！"浙"里和水资源有个约定 / 216

持续"碳"索，向"绿"而行 / 220

"浙"里江河，说不尽"浙"里故事 / 224

梅雨难止休，"浙"里清凉依旧 / 227

致 谢 / 229

政治篇

知宪于心，守法于行

2023 年 12 月 4 日是我国第十个国家宪法日，让我们回溯宪法发展历程及其与浙江的不解之缘。

一、国家宪法日的由来

国家宪法日由一个国家的立法机关通过正式的决定设立，大多数国家都是在现行宪法正式颁布实施若干年之后设立国家宪法日。

1982 年 12 月 4 日，第五届全国人民代表大会第五次会议通过了现行的《中华人民共和国宪法》。2014 年 11 月 1 日，第十二届全国人民代表大会常务委员会第十一次会议通过《关于设立国家宪法日的决定》，将 12 月 4 日设立为国家宪法日。

国家宪法日的设立，不仅是增加了一个纪念日，还要使人民认识到宪法的重要性与必要性，知宪于心，守法于行，营造尊重宪法、宪法至上、用宪法维护人民权益的良好氛围。

二、依宪治国、依宪执政

党的二十大报告强调，全面依法治国是国家治理的一场深刻革命，关系党执政兴国，关系人民幸福安康，关系党和国家长治久安。必须更好发挥法治固根本、稳预期、利长远的保障作用，在法治轨道上全面建设社会主义现代化国家。

宪法是国家的根本法，是国家各种制度和法律法规的总依据，是治国安邦的总章程，是党和人民意志的集中体现。

自 1982 年施行以来，现行宪法经历了数次修改，与时俱进，充分体现了党和国家事业发展的新成就、新经验和新要求。

在全面推进依法治国中，习近平总书记多次强调，依法治国，首先是依宪治国；依法执政，关键是依宪执政。学习宪法、尊崇宪法，首先要抓好党员领导干部这个"关键少数"。

我们党首先要带好头，坚持依宪执政。要把领导人民制定和实施宪法法律，同党坚持在宪法法律范围内活动统一起来，真正做到党领导立法、保证执法、支持司法、带头守法。

领导干部要带好头，宣传工作也要做到位。要健全保证宪法全面实施的体制机制，让纸面上的条文真正"活起来""落下去"，不断增强人民群众的获得感、幸福感、安全感，增强宪法的公信力。

只有宪法深入人心，宪法实施才能真正成为全体人民的自觉行动。近年来，从设立国家宪法日、开展"宪法宣传周"活动到实行宪法宣誓制度，从实施宪法规定的特赦制度到通过立法实施宪法确立的国家勋章和国家荣誉称号制度等，围绕宪法实施和监督，我们大力弘扬宪法精神、维护宪法权威、推动宪法实施、加强宪法监督，积累了一系列实践成果和工作经验。

三、宪法与浙江的不解之缘

美丽的西子湖畔，一座青灰色的二层小楼静静矗立，那就是我们的"五四宪法"历史资料陈列馆。

2016 年 12 月 4 日，在第三个国家宪法日到来之际，"五四宪法"历史资料陈列馆正式开馆。一件件珍贵文物、一份份文献资料，讲述着中国共产党领导人民制定"五四宪法"的光辉历程。

人来人往，老中青三代人来到这里倾听历史的声音，感受宪法的魅力。据不完全统计，"五四宪法"历史资料陈列馆接待观众早已破百万人次。

2018 年 12 月，在第五个国家宪法日来临之际，浙江省首个"宪法宣传周"活动在"五四宪法"历史资料陈列馆正式启动。

首个"宪法宣传周"期间，全省各地通过灵活多样的形式和手段，让宪法精神真正走进了千家万户。不仅有传统的"书法·说宪法"主题书法展和法治文艺晚会，也有新潮的"我是宪法同龄人"主题网络直播活动。

作为互联网大省，浙江省的新媒体普法工作起步较早。"七五"普法期间，浙江省各级普法机关就着力提升工作理念，紧跟法治宣传教育的时代步伐和群众需求，宣传举措不断创新求变，为浙江省的宪法宣传教育提供了创新形式。

浙江社会大普法融媒体平台就是一个典型例子，其在 2019 年 12 月 4 日，中国第六个国家宪法日，浙江省第二个"宪法宣传周"期间正式上线。社会大普法融媒体平台集互动电视、移动 App、"12348"浙江法网、"浙江普法"新媒体平台于一体，汇集了党政机关、企业、媒体等多方面的法治资源，设有法治视界、地市集萃、法治地图、宪法主题公园等多个栏目，为广大用户提供权威专业的法治咨询、优质生动的法治影视和便捷普惠的公共法律服务。当天同时上线的还有"宪法与浙江"系列微课，该系列微课以宪法与浙江这一关系为主线，讲述了宪法在浙江经济社会发展过程中的根基意义与保障功能，让公众在生活中感受到宪法的温度。

浙江省认真贯彻党中央、国务院的决策部署，在 2021 年制定发布了全省的"八五"普法规划，并将 12 月作为"宪法与浙江"主题宣传月。

作为习近平法治思想重要萌发地和法治中国建设重要实践地的浙江，在宪法宣传教育方面，一直勇于探索，将传统与新潮、网络与实地相结合，守正创新，加强地方特色宪法法治文化建设，挖掘、提炼、展示浙江丰富独特的宪法文化资源，成效喜人。

"干在实处，走在前列"，浙江勇当笃学践行习近平法治思想的排头兵，努力擦亮"宪法与浙江"法治金名片，其法治宣传教育不论在精准性、有效性还是社会化程度等方面，都处于全国领先地位，形成了一批具有浙江辨识度和全国影响力的法治文化标志性成果。

四、结语

推进全面依法治国，要推动宪法和法律学习宣传的常态化、制度化。

要严格落实"谁执法谁普法"的普法责任制，努力营造办事依法、遇事找法、解决问题用法、化解矛盾靠法的法治环境，让法治成为社会共识和基本准则。

近年来，全国各地都在深入开展宪法和法治学习宣传教育，成绩令人欣喜，但道路依旧漫长。

国家应把握好数字化转型这一关键，进一步丰富宪法和法律宣传的内容形式，守正创新，走好数字时代全民普法工作的群众路线，使互联网这个最大变量变成全民普法事业发展的最大增量，努力使尊法学法守法用法在全社会蔚然成风。

加强宪法学习宣传教育是实施宪法的重要基础。我们只有持之以恒地在全社会开展宪法教育，一丝不苟地完善宪法审查机制，坚决纠正违宪违法行为，才能让宪法精神在亿万民众中落地生根，为中华民族伟大复兴凝聚源源不断的磅礴伟力。

执笔人：麻诗驿

指导教师：李　芸

温度、深度、适度：如何传承民族记忆？

国之殇，莫能忘。

日本侵略者制造的南京大屠杀惨案震惊了世界，震惊了一切有良知的人们。第二次世界大战结束后，远东国际军事法庭和中国审判战犯军事法庭，都对南京大屠杀惨案进行调查并从法律上作出定性和定论，一批手上沾满中国人民鲜血的日本战犯受到了法律和正义的审判与严惩，被永远钉在了历史的耻辱柱上。习近平总书记在南京大屠杀死难者国家公祭仪式上发表讲话，强烈控诉了侵华日军暴虐残酷的罪行。同时，习近平总书记也警醒人们，忘记历史就意味着背叛，否认罪责就意味着重犯。民族记忆应该根植于每一位中国人民的心中，中国人民应不忘历史，珍视和平。

悼念的意义不仅在于不遗忘，还在于铭记历史的惨痛教训，珍惜来之不易的和平与安定。

中华民族，既有八国联军侵略中国、日军侵华制造南京大屠杀惨案等民族屈辱的血泪史；也有万众一心、同仇敌忾，最终取得抗日战争伟大胜利的奋斗史。民族记忆体现了中华民族以爱国主义为核心的独具特色的民族精神，丰富了中国人民乃至世界人民的精神世界，具有独特的魅力与价值。

我们应该如何更好地向青年人讲述民族记忆？

一、让"记忆守护者"传递有温度的记忆

我们向青年人讲述民族记忆，关键之一在于"温度"。温度从何而来？从守护这段民族记忆的人物中，我们或许可以找到答案。如果说从"事件"

入手讲述故事会让人觉得遥不可及，那么从"人物"切入或许能让青年人更贴近历史，感受民族记忆的温度。每一位"记忆守护者"都是生动的、饱含真情实感的个体，他们能够向青年人讲述鲜活的民族历史，并且和青年人产生情感的连接与共鸣，这样的话语传递必定充满力量。

2017 年，新华社推出《每个人的"12·13"》创意微电影，影片从一位青年发问"南京大屠杀和我有什么关系"开始，串联了南京大屠杀的幸存者常志强、夏淑琴等老人对当时的回忆，被称作"三十万英魂守灵人"的侵华日军南京大屠杀遇难同胞纪念馆馆长的责任担当，以及作家张纯如为拯救那些被遗忘的人所做的努力。南京大屠杀不仅是那一代人的记忆，也是我们每一个中国人都有责任守护的共同记忆；在捍卫正义和真相的路上，有良知的人接力同行。每一位守护者真切的话语都是对青年人有温度的记忆传递，赢得了青年人的情感共鸣。

在讲述民族记忆的道路上，不论是用亲身经历把历史真相告诉给世人的幸存者们，还是创作了震惊全球的《南京大屠杀：第二次世界大战中被遗忘的大浩劫》以直面民族记忆的作家张纯如，抑或是担当三十万英魂守灵人之责任的侵华日军南京大屠杀遇难同胞纪念馆馆长，他们共同的特质在于爱国热情，这也是我们希望借民族记忆向青年人传达的内容。习近平总书记指出，爱国，是人世间最深层、最持久的情感，是一个人立德之源、立功之本。我们在讲述民族记忆时也应用爱国热情去感染青年，厚植青年爱国主义情怀，从而让民族记忆成为当代青年最好的爱国主义教育。

二、为民族记忆载体注入中华文化

我们向青年人讲述民族记忆，关键之二在于"深度"。深度从何而来？在这泱泱大国源远流长的历史印迹中，在浸润着中华优秀传统文化的历史文物中。对历史文物的传承，展现了中华优秀传统文化的强大感召力。为民族记忆注入中华文化，是讲好民族记忆的有效方法。将一件具有代表性的历史文物作为一段民族记忆的载体，以其文化色彩阐释深刻的内容意蕴，更能拉近与青年人之间的情感距离。

古之以鼎记事，今之铸鼎铭史。2014 年，在南京大屠杀死难者国家公祭仪式上，习近平总书记同南京大屠杀幸存者代表、85 岁的夏淑琴老人和一名少先队员一起，为国家公祭鼎揭幕。国家公祭鼎采用"三足两耳"的器形，以目前出土最大的圆鼎——安徽寿县发现的东周时期的"楚大鼎"为原型，等比例铸造而成。

今天，国家公祭鼎立于侵华日军南京大屠杀遇难同胞纪念馆的集会广场上，供前来纪念馆参观和悼念的人们观看。一方面，国家公祭鼎作为民族记忆的载体，能够让人们铭记这一段民族历史；另一方面，国家公祭鼎能够激发青年人的爱国主义情感，激励他们为担当民族复兴大任而不懈奋斗。

三、以"守正创新"适度打造沉浸式叙事环境

我们向青年人讲述民族记忆，关键之三在于"适度"。适度从何而来？在于对新型叙事方式的把握，既不过分偏向传统守旧的叙事语态，也不过分依赖新媒体融合。面对青年群体，我们需要用新的方式去讲述民族记忆，适度借助科技手段，通过新媒体融合的互动方式，重塑人们的感官体验，从而让人们"身临其境"地走进民族记忆中。人机互动技术作为讲述民族记忆的新型媒介，能够为青年群体提供沉浸式体验，以更直观、更具互动体验感的形式向青年群体讲述民族记忆。

近年来，各媒体工作室以科技为支撑，深入了解用户需求，创作了《铭记国殇，为 30 万无辜灵魂擦去泪水》《同祭》《"青"听和平的声音》等一系列以"国家公祭日"为主题的 H5 产品。H5 产品主要以人机交互所建构的界面为基础，进行相应主题的内容传递。其中，《铭记国殇，为 30 万无辜灵魂擦去泪水》采用声音与手绘漫画相配合的模式，融合当下流行元素，表达了国家公祭日"铭记国殇是为了以后再无国殇"；点击识别歌曲、划动手指擦去三十万无辜灵魂的泪水以及点击为遇难同胞献花等互动方式，提升了用户在国家公祭日活动中的参与感。这些基于场景的沉浸性叙事为青年群体提供了真实的情境感与现场感，让青年们能够通过互动体验铭记民族历史。

民族记忆，和每一个人息息相关。

讲好民族记忆是我们在过去、现在和将来都不能避开也无法避开的责任与担当。

民族历史需被铭记，讲好民族记忆是向当代青年传递民族记忆、弘扬爱国主义思想、开展爱国主义教育的重要方式。

国家公祭日所承载的民族记忆，是爱国主义教育的重要载体，对于当代青年有着深刻的教育意义与正确的价值导向作用。

让民族记忆更好地被当代青年铭记，在新时代彰显其爱国主义教育价值，激励当代青年发出振聋发聩的时代之音：勿忘国殇，吾辈自强。

执笔人：金琳沁

指导教师：吴晓平

人民的安全，我来守护

2023 年 1 月 10 日是第三个"中国人民警察节"，这是专门为人民警察队伍设立的节日，是对人民警察队伍为党和人民利益英勇奋斗的充分肯定。

2020 年 7 月，国务院发布《国务院关于同意设立"中国人民警察节"的批复》，同意自 2021 年起，将每年 1 月 10 日设立为"中国人民警察节"，以纪念中国人民警察队伍为保护人民、建设祖国所作出的贡献。

一、让警察的称呼更响亮！

站在新的历史起点，在又一个中国人民警察节来临之际深情回望，我们看到，人民警察始终跟着党走，步伐坚定有力，势若千钧，为保卫人民群众作出了突出贡献。

2023 年 1 月，一部名为《风情不摇晃》的小说，在微博上被四川省戒毒管理局官方微博"四川戒毒"点名批评：文学创作要有底线，不能让英雄流血再寒心。据介绍，该小说讲述了缉毒警察在执行卧底任务中牺牲，其女友为给男友报仇，以驻唱女歌手身份潜伏在毒贩身边，却爱上了毒贩的故事。此话题一经发出，迅速引发广泛关注和讨论，一度冲上热搜榜第一。

缉毒英雄不容亵渎，美化制毒贩毒人员，是对英雄的不敬，莫让英雄流血再寒心！我们应向坚守岗位、守护平安的人民卫士致敬！

致敬守护平安的人民卫士，就要看到人民警察的不易。和平年代，公安队伍是一支牺牲最多、奉献最多的队伍。"哪有什么岁月静好，只是有人替我们负重前行"，无论是在抗击新冠疫情中逆行出征，还是在洪水袭来、人民生命财产受到威胁时挺身而出；无论是在禁毒战场、隐蔽战线用热血书写忠诚，还是在平凡岗位上披星戴月、顶风冒雪，可以说，哪里有需要，哪里就有人民警察；哪里有党和人民的召唤，哪里就有壮阔的出征。作为维护社会稳定的主力军，人民警察始终将使命放在心中，将责任扛在肩上，严打各类违法犯罪活动，为平安中国建设作出了突出贡献。

二、"浙"里的警察为人民！

2022年5月25日，全国公安系统英雄模范立功集体表彰大会在北京人民大会堂隆重举行。浙江有7人被评为"全国特级优秀人民警察"；36人被评为"全国优秀人民警察"；11人被评为"全国公安机关爱民模范"，35个集体（单位）获表彰。

浙江公安始终牢记习近平总书记的殷殷嘱托，深入践行总要求，确保全省政治社会大局持续安全稳定，为建设"重要窗口"和高质量发展建设共同富裕示范区贡献公安力量。近年来，在浙江，盗窃、抢夺和抢劫等传统接触式犯罪案例数量呈整体下降趋势，但涉网新型犯罪逐渐成为主要的犯罪类型。不见硝烟，没有刀枪，数据世界的较量依然惊心动魄。

在公安队伍中，有一群网络安全的守护者，在新战场上亮剑。绍兴市公安局涉网犯罪侦查支队副支队长黄金波牵头研发了"微访问新域名"模型，从海量数据中及时、精准发现涉诈类网站和App，并对其进行封堵和拦截，向潜在受害人发出预警提醒。温州市公安局网安支队"80后"民警俞建如，研究剖析了上百个犯罪案例，总结了50余个暗网交易平台的行为规律，摸索打击网络犯罪新战法。在新战场上，一批批"80后""90后"民警成长为打击犯罪的中坚力量。

担当扛在肩上，忠诚刻在心田。为应对社会治理领域的新问题和新挑战，浙江公安在全国率先打造"公安大脑"，积极塑造变革，锻造引领现代化的新能力。2021年以来，浙江各地公安队伍，以数字化改革为牵引，创新推出"电子居住证""浙里拍"等一系列服务，打造线上线下一体化的移民事务服务中心。全面完成车辆检测"一件事"集成改革，改造提升检测站330家，实现全流程检测平均时间缩短2/3，每年惠及860万车主，"浙里办"群众网上"好评率"达到98%以上。

新时代,惟改革者进,惟创新者强,惟改革创新者胜。浙江公安仍将聚焦群众、企业所盼,统筹推进各领域深层次改革,为护航经济社会发展、保障人民生产生活作出应有贡献。

岁月写满忠诚,见证不凡历程。青春不负时光,擎旗接续奋斗。人民公安这支英勇的队伍,以热血铸就的忠诚、汗水浸染的担当、生命谱写的奋斗,努力践行对党忠诚、服务人民、执法公正、纪律严明的总要求,涌现出一大批顽强拼搏的风流人物、一大批忘我奉献的英雄模范,挺立于时代前列。

回望2022年,是一个个勇于担当、英勇无畏的藏蓝身影,扛起了守护平安的重任,为群众带来了触手可及的安全,带来了满满的幸福感。

面向未来,党的二十大擘画了新时代新征程宏伟蓝图,中国人民警察使命光荣、任务艰巨。

路虽远,行则将至;事虽难,做则必成。接续奋斗,一代代公安铁军将永远以党的旗帜为旗帜、以党的方向为方向、以党的意志为意志,踔厉奋发,笃行不怠,忠实履行好党和人民赋予的新时代使命任务,在新时代新征程中创造新的荣光。

执笔人:曹　睿
指导教师:邵　鹏

中国航天事业中的"浙"份力量

1998年，中国人民解放军航天员大队成立，这意味着中国航天史册从此翻开了崭新的一页。

探索浩瀚宇宙，发展航天事业，建设航天强国，是我们不懈追求的航天梦。一代又一代的中国航天人团结奋斗、砥砺前行，用心血和汗水浇灌信仰，用牺牲和奉献铸造"大国重器"，让载人航天精神熠熠生辉。在这场向星空进发的伟大新长征中，不仅有全中国航天人筚路蓝缕的身影，也留下了浙江人的奋斗足迹。

一、天空之旅，有"浙"些企业的身影

逐梦九天，不仅需要浪漫的想象，也离不开"浙"些企业脚踏实地的行动。

宁波天安（集团）股份有限公司（简称天安）始建于1969年，是国家重点高新技术企业、全国输配电行业重点骨干企业和浙江省工业行业龙头骨干企业。2003年，"中国天安电工城"奠基动工建设，产品助中国首艘载人飞船"神舟五号"发射成功；2005年，天安助飞"神舟六号"载人飞船；2008年，天安被认定为高新技术企业，产品助飞"神舟七号"载人飞船……在"神舟五号"和"神舟六号"载人飞船发射之时，浙江的这家企业就提供了35千伏箱式变电站产品和获得国家专利的LW39-126断路器。2021年，这家企业为"神舟十三号"载人飞船的发射提供了酒泉卫星发射中心地面的电气电工保障。

成立于1993年的宁波博威合金材料股份有限公司（简称博威合金），

既是中国高端铜合金领域的领军企业，也是宁波制造业单项冠军示范企业，其自主研发的航天合金材料，填补了国内技术空白，为神舟系列航天系统的导电与通信，提供了一条安全可靠的"高速公路"。载人飞船的太空之旅需要面对极端的太空环境。凭借优异性能和可靠品质，博威合金解决了航空连接器在太空极端高低温环境下，通信传输稳定、耐久问题，为航空器的稳定运行提供了坚实的材料支撑，为历代神舟系列飞船，嫦娥一号、二号探测器，天宫一号飞行器等多个航天重大工程"保驾护航"。

宁波伏尔肯科技股份有限公司（简称伏尔肯）生产的高端大尺寸陶瓷密封环已多次为我国航空航天重要任务提供硬核保障，助力"神天"之约。2020年11月，该产品首次助力嫦娥五号探测器"探月"；2021年9月，又助力"神舟十二号"载人飞船执行任务。伏尔肯生产的陶瓷密封环，直径500毫米，外观宛若小型轿车的轮毂。作为唯一连接动静冷却管路的核心关键设备，它被应用于构成深空测控网的大型雷达，为神舟系列飞船提供了强有力的测控支持。

二、筑梦天河，有"浙"里的高校

浙江高校也为我国航天发展贡献了重要力量，一步一个脚印开启星际探测新征程。

在太空长期驻留时，确保航天员的健康是载人航天的重要任务。在天和核心舱内部，搭载着一套由浙江大学自主设计的专业生理参数检测仪器，为航天员的生命健康护航。2011年，浙江大学研发的无创心功能监测仪随"天宫一号"升入太空，首次实现航天员血压和心血管参数的无创连续监测。

地面测试装备是航空航天任务圆满完成的保障。浙江工业大学航天方向相关团队近20年来一直从事航天地面设备的研制，已先后为航天五院和航天八院研制开发了数十台各类航天地面测试设备。团队发明的太阳翼模态测试设备，打破了国外垄断，填补了国内空白。测试设备成功应用于中国空间站、神舟系列、北斗系列、嫦娥系列等国家重大工程，主要性能指标达到国际先进水平。团队已完成 200 余架航天器的太阳翼地面测试,为我国航天事业的健康发展贡献了一份力量。

三、天上宫阙,有"浙"里的第一

浙江人爱"上天",可不是说说的,从几个"第一"可见一斑。

传说中的"世界航天第一人",万户,是元末明初时期的浙江金华婺城人。为了纪念这位"世界上第一个试图利用火箭飞行的人",国际天文学联合会将月球上的一座环形山命名为"万户山"。

"中国民间航天科普教育第一人",也在浙江。在平湖市独山港镇,71岁的女教师姚爱英,30 年如一日,始终致力于航天科普教育,在当地厚植航天文化,撒播科学种子,弘扬航天精神,带领学生"不追歌星追科星"。她被科技部、中共中央宣传部、中国科协表彰为全国科普工作先进工作者。2009 年,姚爱英提出了在平湖建"两弹一星"功勋馆和航天科普馆的建议,得到航天人的特别支持。在此之后,她积极奔走牵线,全程参与馆的设计、内部展品的陈列等具体工作。2021 年 6 月,全国首个乡村综合性航天科普馆——中国航天科普馆正式启用,姚爱英亲自担任科普馆讲解员。科普馆成为对青少年和党员干部开展航天精神和航天科普教育的爱国主义教育基地。

2021 年,《浙江省航空航天产业发展"十四五"规划》(简称《规划》)发布,浙江将聚焦三大领域和五大工程,到 2025 年实现航空航天产业倍增式发展,成为全国航空航天产业新高地、民营经济融航发展先行省;到2035 年,跻身全国航空航天制造强省之列。

《规划》提出,"十四五"期间,浙江将努力实现重点领域制造能力、关键环节创新能力和场景应用服务能力显著增强,新增 2 家航空航天上市公司,新争取 3 到 5 个航空航天标志性制造业项目落地,新培育 10 家以上初步融入大飞机制造供应商体系的民营企业。在航天发动机、北斗芯片等创新领域,合作共建、集聚培育 20 家以上科研院所、新型研发机构;在通航应用、无人机应用等方面,打造 10 家左右具有市场竞争力的航空航天应用服务企业。

"千载长天起大云",中国航天的伟大成就,生动诠释了中国人民"敢上九天揽月"的豪迈气势,向全世界展示了中国航天的水平和潜力。

站在中国航天的新高度,回眸我国载人航天多年来的不平凡历程,中国航天人把热爱祖国、为国争光的坚定信念,勇于攀登、敢于超越的进取意识,科学求实、严肃认真的工作作风,同舟共济、团结协作的大局观念,淡泊名利、默默奉献的崇高品质写入浩瀚太空,凝结形成"特别能吃苦、特别能战斗、特别能攻关、特别能奉献"的载人航天精神。

航天探索永无止境,中国航天,必将以永不停步的姿态逐梦天宇间!浙江,也将持续输出"浙"份力量!

执笔人:章可欣

指导教师:李　芸

正本清源，如何营造清朗网络空间？

党的二十大报告指出：社会主义核心价值观广泛传播，网络生态持续向好。随着互联网与日常生活的关系日渐密切，人民群众对网络空间健康向上的期待愈加迫切，对网络空间存在的各种道德失范、诚信缺失、价值观扭曲的现象愈加深恶痛绝。

网络空间是亿万民众共同的精神家园，其生态环境的健康关乎人民利益，遏制网络错误价值观的传播，应是当今社会发展的重要命题。

"问渠那得清如许，为有源头活水来。"只有从法之源头出发，秉持"依法治网、依法办网、依法上网"的原则，才能净化网络空间，还网络空间一片清朗纯净的天空，才能在时代的洪流中抓住人民之心，凝聚人民之力。

一、勿踩红线，六类网络言论需警惕

网络舆论乱象丛生，严重影响人们思想和社会舆论环境，这是我们长期积累并亟待解决的问题之一。网络空间虽然是一个虚拟空间，但运用网络空间的主体是现实的，网络空间里的价值观会不可避免地延伸到现实中。近年来，各种歪风邪气侵蚀网络环境，其中错误的价值观危害甚烈。不能让突破道德底线、价值红线的错误思想肆意传播，它们不仅侵蚀健康的网络生态，也污染民众的思想与心灵。

其一，肆意攻击党和国家。一些人假借"言论自由"的名义，恶意污蔑抹黑中国共产党，诋毁国家制度，煽动意识形态对立，妄图靠一张嘴破坏中国的凝聚力。如网民江某某通过"推特""微博"等社交平台发表攻击我国政府、煽动颠覆政权的言论，利用舆论挑起不明真相的人对中国的误解，引得国内外众多网友围观，严重危害了国家安全和社会稳定。

其二，拜金主义。一些人将奢侈作为卖点博人眼球，将炫富作为"流量密码"哗众取宠，刻意鼓吹消费主义、拜金主义，散播错误的金钱观与消费观。这既是对节俭奋斗美德的亵渎，也诱导一大批青少年盲目效仿攀比。如社交平台上各种"名媛""富二代"以分享生活为名，大肆炫耀物质生活的奢靡：豪宅、豪车、奢侈品，"8000 块的烤鸭""10 万一晚的海底套房"……他们以夸张的金额刺激人们的神经，用炫富的形式迎合一些人的低俗需求。

其三，享乐主义。一些人为了博取流量与关注，迎合部分公众审丑、娱乐、刺激、减压等心理，用洗脑式的说教与极端的行为表达，引导人们贪图安逸享乐甚至不劳而获。如一些直播平台恶意炒作，向观众散播"读书无用""颜值即正义"等错误观念。

其四，极端个人主义。一些人将个人利益凌驾于集体利益之上，恶意否定社会和他人的价值，甚至不惜采取损人利己的方式来主张自我。如有的人无故"入侵"在线课堂，通过播放刺耳音乐、恶意威胁等方式扰乱教学秩序；有的人以个人为中心，肆意发布对他人造成伤害的侮辱性言论，造成不良的社会影响。

其五，历史虚无主义。一些人打着"解放思想""反思历史"等旗号，企图否定、歪曲中国文化与历史，企图危害政治制度、颠覆人民政权、瓦解意识形态安全防线。比如一些网络博主，为博眼球公然发文诋毁贬损卫国戍边官兵的英雄精神，引发公众强烈愤慨，造成恶劣社会影响；还有一些所谓专家学者置历史真相于不顾，发表"南京大屠杀是误杀"等荒谬言论，借教授身份歪曲历史，为日本帝国主义洗白，终受到处罚。

其六，非理性明星崇拜。一些人尤其是心智尚未成熟的青少年，因为明星的俊美外表、成功事业等对其产生盲目崇拜心理，沉溺于对明星完美人设的幻想，对他们的原则性错误无底线包容，对其违法违规行为选择性忽视。如：有的明星知法犯法，拿着高额的薪酬却偷税漏税；有的明星无视法律，犯下吸毒、嫖娼乃至强奸的可怕罪行。然而即使如此，仍有不理智的粉丝妄图为其辩护，使得原本健康的追星行为逐渐演变成非理性的崇拜。

截至2022年6月，我国网民规模已经达到10.51亿。网民价值观的重要性不言而喻。党的十八大以来，党中央高度重视社会主义核心价值观建设，并采取了一系列行动，从国家、社会、个人三个层面把社会主义核心价值观融入社会发展和日常生活。网络时代，互联网已逐渐渗透到人们工作、生活的方方面面，价值观建设不可忽视。

党的二十大报告指出：社会主义核心价值观是凝聚人心、汇聚民力的强大力量。整治网络空间，让网络空间天朗气清，不仅是一场针对悖德违法行为的战斗，也是一场必须打赢的价值观较量。我们只有坚定不移地以社会主义核心价值观为引导，加强网络管制，强化思想引导，优化生态建设，才能打赢这场网络空间的价值观之战！

二、激浊扬清，营造清朗网络空间

党的十八大以来，习近平总书记高度重视网络生态建设，强调要营造一个风清气正的网络空间。党中央不断强调法治在网络强国建设中的基础性作用，坚定不移推进依法治网、依法办网、依法上网，让互联网在法治轨道上健康运行。

一是完善法律体系。在习近平法治思想引领下，我国深入推进网络领域重要立法工作，出台了相关基础性法规和部门规章。目前我国已出台了《网络安全法》《数据安全法》《个人信息保护法》等基础性、综合性、全局性法律。浙江省杭州市率先成立了全国首个互联网法院，用数字技术推动网络法治创新。未来，我们更须以宪法为根本，扩大法律保护范围，构建完善的网络法律体系。

二是加强舆论引导。要不断壮大党的网上宣传阵地和宣传力量，深入开展理想信念教育，深化中国特色社会主义和中国梦网上宣传教育，用习近平新时代中国特色社会主义思想团结凝聚亿万网民，引导人民坚持正确政治方向、舆论导向、价值取向。在舆论引导方面，浙江省委宣传部于2022年5月30日上线的微信公众号"浙江宣传"就靠其鲜明的态度、亲切的文风、巧妙的叙事精准地传播了社会主义核心价值观,受到了读者的一致好评。

三是加强行业自律。要引导企业正确认识和利用互联网平台,守住行业道德底线。浙江于2022年发布了《互联网平台企业竞争合规管理规范》,分类梳理平台企业主体责任,科学界定责任边界,推动互联网企业用自律的态度与行动推动网络的健康发展。

四是实现网民自觉。要加大宣传与教育力度,号召全体网民依法上网、文明上网、理性上网,守住法律和道德底线,在法律允许的框架内发布信息,用正能量促进网络生态的积极健康发展。浙江省连续13年举办省网络文化活动,多部门联合推进网络素质工程,推动网络文明理念深入人心。

三、结语

我们要坚持把依法治网摆在突出位置,从源头入手,不断加强网络空间法治建设,积极提升人民群众文明上网的自觉性,牢牢掌握舆论场主导权!

执笔人:王嘉怡

指导教师:邵 鹏

经济篇

世界杯里的"浙元素"靠什么？

2022 年卡塔尔世界杯堪称"史上最壕"世界杯，总投入超过 2200 亿美元，是自 1990 年以来举办的所有世界杯总投入的 4 倍多。显然，这不仅是一场体育盛事，更是一场资本盛宴，而作为制造业强国的中国又怎么能够缺席呢？

2022 年卡塔尔世界杯，中国制造成为主力，充满中国元素的卡塔尔世界杯让国人倍感自豪。

浙江作为中国的出口外贸大省，从 2012 年至 2021 年，累计进出口货物总值 26.63 万亿元，其中出口额为 20.02 万亿元，进口额为 6.61 万亿元。2021 年，浙江省的进出口规模跻身全国前三位。那么，卡塔尔世界杯有哪些浙江元素呢？

一、浙江产品实力强劲

卡塔尔世界杯期间，无论是现场观战，还是居家看球，富含"浙元素"的浙江制造，你大概率是躲不过的。

浙江义乌的产品几乎占整个世界杯周边产品市场份额的 70%。仅足球这一个单品，在世界杯前后，义乌就出口了超过 100 万个，"50 天赶工 10 万个足球"的新闻更是一度冲上热搜。

球迷现场看球需要的围巾、帽子，"气氛组"需要的手拍器、哨子、国旗、奖杯、奖牌，可谓应有尽有。甚至作为球迷旅馆的集装箱式移动房屋也是浙江制造的。

卡塔尔球迷宅家看球需要的客厅沙发、电视机、机顶盒、扬声器和耳机的销售量均大幅上涨。

来自阿里巴巴国际站的数据显示，在2022年卡塔尔买家数量增幅较大的产品中，客厅沙发和各类旗帜的增幅尤为显著，分别达到了368%和335%。

二、浙江智慧细腻有力

在卡塔尔世界杯主场馆"卢塞尔体育场"的建设中，"浙元素"发挥了关键性作用。

卢塞尔体育场屋顶为双曲面构造，采用鱼腹式索网结构，是业内公认的世界上同类型索网体系中跨度最大、悬挑距离最长、结构最复杂、设计标准最高的索网屋面单体建筑。该体育场的建造可谓世界级挑战。

面对如此巨大的建造挑战，来自杭州余杭和绍兴柯桥的承建公司沉着应对，运用细腻的工艺将数值精确到毫米级，将重要尺寸的公差控制在几丝到几十丝，成功打造出连接"大金碗"屋顶的重要"关节"和有力的钢结构部分。

在为卡塔尔设计的供水保障方案中，"浙元素"也交出了一份完满答卷。

台州温岭的一家企业——利欧集团股份有限公司（简称利欧），以自身过硬的科技实力，为球迷村提供智慧用水解决方案，有力地打破了卡塔尔水源缺乏的困局，解决了1万多人的用水难题。

此外，利欧还细致地洞察到设备在跨国运输中的潜在风险，通过采用一体化整体撬装供货降低了现场安装难度。

在世界杯周边产品的具体设计中，"浙元素"也活跃其中。在"制造"方面有着傲人战绩的义乌，在"智造"方面也不断进取。

义乌的商家们在申请外观设计专利的同时，还根据来自不同国家球迷的需求设计周边产品，例如因为中东人更加偏爱"土豪金"颜色，所以义乌商家选用更绚丽的颜色制造奖杯和奖牌，以提升产品的市场外向性。

大到场馆建设、小到周边产品都足以展现细腻有力的浙江智慧和浙江人踏实肯干的精神，以及心系卡塔尔世界杯需求的强烈责任心。

三、浙江品牌如何横跨全球？

为帮助义乌商家在世界杯开赛前将货物运到卡塔尔乃至世界各地的球迷手中，来自浙江的阿里巴巴速卖通在 2022 年首次开通世界杯专场，联合菜鸟推出"世界杯专线"物流服务，开设相关海运专线。

来自浙江的国际品牌娃哈哈通过打造"营养快乐"的健康饮品，跨越全球，参加各种国际体育赛事。

2013 年 1 月 15 日，娃哈哈扩大其国际朋友圈，成功牵手曼联，成为其官方合作伙伴。究其原因，这与娃哈哈在 2012 年 3 月重磅推出的一款具有提神保健功能的饮料——娃哈哈启力，有着密切关系。

由于时差，许多精彩的球赛都在深夜，而娃哈哈启力作为一款具有提神保健功能的饮料，既能够为熬夜看球赛的球迷们提神，又能够补充营养、增强免疫力，可谓一举两得，完美满足球迷需求，仅上市两个多月便取得 2000 万罐的销量。

在 2015 年中国女足挺进世界杯八强之际，娃哈哈集团向中国女子足球队发出贺电，庆祝女足时隔 8 年再回世界八强之席，并赠送 100 万元。

在 2018 年俄罗斯世界杯期间，娃哈哈又与葡萄牙国家足球队签约，成为葡萄牙国家足球队在中国区的官方赞助商，为国内球迷提供了与 C 罗等足球巨星近距离接触的机会。

随着国内球迷群体的日益壮大，世界杯转播权所具有的经济价值不断提高。据统计，在巨量引擎覆盖的内容生态里，体育兴趣用户规模已达 4.7 亿，内容创作者规模高达 1.2 亿，其中蕴含着大量待挖掘的体育营销机会。

2022 年 6 月，抖音集团正式宣布成为卡塔尔世界杯持权转播商，来自浙江的杭州当虹科技股份有限公司就参与其中。其同时为中央广播电视总台、中国移动咪咕公司、抖音等多家转播商提供技术支持，并参与阿拉伯电视台的建设，支持"超高清+低延时"转播世界杯。

四、浙江民营经济何以腾飞?

浙江制造、浙江"智"造、浙江品牌强势出征世界杯,不仅让全世界人民记住了浙江,同时也推动了浙江经济的发展,展现了浙江民营经济的新飞跃。

卡塔尔世界杯在给浙江制造带来一笔笔大单的同时,也为浙江创造了大量就业岗位,助推共同富裕取得更为明显的实质性进展。而浙江"智"造的成功实践在激励浙江人民"自强不息、坚韧不拔"的同时,也向世界传递了浙江"勇于创新、讲求实效"的精神,浙江品牌在大力推进自主创新的同时,也在加快融入世界的步伐,积极拓展民营经济的发展空间。

五、结语

"浙元素"能够大举融入世界杯,离不开我国的"一带一路"倡议。

由中国参与承建的卢塞尔体育场被卡塔尔印在新发行的 10 卡塔尔里亚尔纸币上,成为中国建造走向世界的名片,一展中国基建强国的风采。同时,浙江企业利欧在为卡塔尔世界杯球迷村提供用水解决方案的同时,也不忘解决水泵跨国运输、现场安装的难题,通过技术创新优化品牌服务。

长风破浪会有时,直挂云帆济沧海。以阿里巴巴、娃哈哈等为代表的浙江品牌必将在"一带一路"倡议下开辟出新天地。

从"浙江产品"到"浙江智慧"再到"浙江品牌",卡塔尔世界杯所展现的满满当当的"浙"元素,与习近平主席在 2022 年 2 月 5 日会见卡塔尔埃米尔塔米姆时的讲话相呼应,中卡双方已在基础设施建设方面开展务实合作,在能源方面也将建立长期稳定的合作关系。

逢百年未有之大变局,浙江将坚持互利共赢、共同发展的目标,奉行以人为本、造福于民的宗旨,不忘初心、砥砺前行,踏上新征程。

执笔人:董力羽

指导教师:邵　鹏

网红为什么在"浙"里火?

"三二一,上链接!"每逢购物节,直播界分外热闹,网红们在各自的直播间忙得不可开交。

近年来,得益于数字经济的发展,直播电商的影响力越来越大。浙江省借助电商优势,大力发展网红经济,网红"热潮"已蔚然成风。

何谓网红经济?

网红经济是数字经济时代产生的一种新的经济模式,指的是以互联网社交平台为基础,聚焦网络流量和粉丝形成定向销售市场,衍生出各种新的消费模式的网红经济产业链。网红经济的产生具有一定的必然性,与数字经济的快速发展密不可分。

一、看"浙"里,网红经济蓬勃发展

《浙江省数字经济发展白皮书(2022年)》指出,浙江全面深化国家数字经济创新发展试验区建设,数字经济发展速度快、势头好。2021年,全省数字经济增加值达到3.57万亿元,居全国第四,较"十三五"初期实现翻番;占GDP比重达到48.6%,居全国各省(区)第一。数字经济已成为浙江省经济高质量发展的金名片。

数字经济促进新商业模式、新型业态迭代升级,为网红经济搭建了高质量发展的平台。随着移动互联网的普及,浙江网红经济迎来爆发式增长,既拓展了新消费增长点,也带动了服务业和制造业的转型升级。

浙江清华长三角研究院明文彪团队表示,杭州网红经济诞生于淘宝时期,目前正从野蛮生长的3.0阶段向规范发展的4.0阶段过渡。2020年,阿里巴巴发布春雷计划，提出在全国产业带聚集省，每省打造100个淘宝直播产业基地，明确了线上销售和线下市场结合的销售模式。

浙江杭州目前拥有全国1/8的知名网红、近千名粉丝数超百万的知名网红，以及全国60%以上的MCN机构。杭州的网红运营机构不胜枚举，其中不乏2019年登陆纳斯达克的如涵，以及微念、谦寻、无忧、二更、宸帆等一批有影响力的机构。

不仅数量可观，网红的流量变现能力也同样惊人。杭州某知名网红运营机构每个网红每个月产生的电商成交额超过250万元，其中头部网红累计贡献上亿元，是传统百货销售或电视广告的成百上千倍。

二、网红为什么在"浙"里火？

（一）政策支持与孵化保障

浙江省发达的网红经济得益于政策的支持和人才的供给。

2020年，浙江省发布《浙江省数字赋能促进新业态新模式发展行动计划（2020—2022年）》，提出培育省级直播电子商务基地和网红经济集聚区；2022年3月，《浙江省高质量推进数字经济发展2022年工作要点》的印发同样为全省加快推进数字经济发展，打造全球数字变革高地提供了契机。

除此之外，对于直播电商产业的补贴和扶持，杭州市每个区都形成了不同的奖励制度，对于那些销售额排名靠前的主播或者MCN机构，给予最高500万元的奖励。2020年，杭州市商务局发布的《关于加快杭州市直播电商经济发展的若干意见》提出，到2022年，杭州要挖掘1000个直播电商品牌（打卡地），推动100名头部主播落户杭州，培育10000名直播达人。由此可以看出，杭州为了发展直播电商行业，为了留住更多直播人才，不论是在补贴还是在政策方面，都大力支持。

（二）网络思维与创新发展

浙江省数字经济增加值占GDP比重已近五成，2022年前5个月，浙江数字经济核心产业制造业增加值达 1396.5 亿元，同比增长 13.7%。在新冠疫情和外部环境挑战加剧等多重压力下，数字经济的"进"，有效助力浙江经济社会发展的"稳"，也为网红经济的发展提供了强有力的支撑。

谈到浙江省的数字经济，那必然要提及阿里巴巴。杭州网红经济的规模化、产业化、职业化和资本化皆离不开阿里巴巴。目前阿里巴巴已进入流量平台、网红主播、商品供应、融资帮扶等多个赛道。

相比国内其他省份，浙江省在电商的物流和配货方面都有压倒性的优势。海宁的皮革、温州的鞋革、义乌的小商品，还有桐庐县强大的快递公司，它们不仅提供强大而齐全的供应链，还提供价格低廉且方便的快递服务。

（三）投资人才与吸引青年

2016 年至 2021 年，杭州的人才净流入率连续 5 年居全国第一，比北上广深都高。仅 2021 年一年，杭州的常住人口就增长了 23.9 万人，数量超过全国绝大多数省份。

2020 年杭州新引进 35 岁以下大学生 43.6 万人，人才净流入率继续保持全国第一。人才的持续流入为网红经济注入鲜活能量。

除此之外，许多淘宝初代网红都诞生于杭州，她们开网店，尤其以自创服装品牌为主。服装行业非常重要的一个形象塑造因素就是模特，因此一个崭新的职业——淘女郎，随之兴起，为日后杭州庞大的网红团体奠定了基础。

在浙江，卓越的企业竞争优势与营商环境，以及自由包容的创业环境，给了年轻人更多的就业机会和想象空间。

（四）数字基因与天堂硅谷

近年来，浙江不断优化数字创新生态，围绕"互联网+"科创高地建设，部署数字经济领域高能级创新平台，推动数字经济企业自主创新，把发展数字经济自主权牢牢掌握在自己手中。

浙江省大力推进互联网技术的发展，集聚了许多知名互联网企业。杭州的互联网氛围在同级城市中遥遥领先,不负"电商之都"的称号。杭州在电商领域有阿里巴巴、网易(严选)、有赞、美丽联合集团(蘑菇街、美丽说)等知名公司,社交电商领域也出现了云集、贝店、环球捕手、鲸灵等创新企业。有了互联网公司提供的技术支持,网红经济"如有神助"。

三、未来,"浙"里网红经济将走向何处?

当下,浙江正在高质量发展建设共同富裕示范区。推进共同富裕,需要依托数字经济发展所催生的各种新型商业模式。

乡村振兴是实现共同富裕的必经之路,农村作为推进共同富裕的"洼地",是数字经济渗透发展的着力点。借助数字经济与网红经济,浙江省在乡村振兴之路上迈出了自己的步伐,助农直播活动如火如荼。

2022年,浙江多地建立电商直播"共富工坊",在改善农村电商发展"硬环境",提升农村电商"软实力"等方面发挥了重要作用。农村电商不仅给传统农业注入了新活力,更为乡村振兴、共同富裕增添了新动能。

得益于网红效应,助农直播备受关注,许多MCN机构也在为推动共同富裕贡献自己的力量。

杭州知名MCN公司谦寻文化旗下头部直播间开展多次丰收节直播助农活动,反响强烈。"知名主播+农产品"的带货模式不仅大大提高了农产品销量,也给网红经济带来了更多可能性。

未来,浙江省将以提升农村电商应用水平为重点,以"线上线下融合"为抓手,不断完善农村电商体系,因地制宜、大胆创新,形成一系列可复制推广的农村电商发展"浙江经验",朝高质量发展建设共同富裕示范区的目标不断前进。

综上,网红经济在当今的时代背景下正展现出非凡的活力和潜力。作为网红经济领跑者,浙江省在实现可持续增长和规模化发展网红经济的道路上还有很长的路要走,前途光明,未来可期。

执笔人:余楚凡

指导教师:邵 鹏

问鼎双节:"浙妆"品牌为何崛起?

颜值经济崛起,理性消费回归,乘着这股东风,越来越多的国潮品牌正在崛起。在美妆护肤品赛道,越来越多的品牌瞄准了都市白领和学生党追求极致性价比的需求,打造出各种硬核"大牌平替"。

在双十一、双十二购物节期间,有不少国货品牌加入战局,而在这场"战争"之中,不少"浙妆"品牌突出重围,在消费者的心中留下了"姓名"。

仅仅创立20年的品牌珀莱雅可以说坐着国产化妆品的头把交椅。在2022年的双十二购物节期间,珀莱雅双抗精华以4万+的销量位居电商平台精华回购榜的榜首。而在双十一购物节期间,凭借"早C晚A"走红的珀莱雅,也迎来它的高光时刻,在天猫、抖音、京东等平台获得国货美妆品类成交榜第一名的荣誉。

此外,在2022年双十一购物节期间,还有个"浙妆"品牌频上热搜。"欧诗漫老爷爷"凭借真诚的态度吸引了很多人的注意,70多岁依旧有着健康白皙的皮肤,被人们说是品牌的"活招牌"。在双十一当天,欧诗漫套装在直播间秒售罄,双十二期间主打的珍白因套装也一跃登上淡斑榜榜首。

国货风潮正当时,新时代的消费者们越来越倾向于购买国货,支持国货。而珀莱雅和欧诗漫,作为"浙妆"品牌的代表,是如何把握机遇,在国潮的舞台上崭露头角的呢?

一、抓住机遇、创造机遇,是"浙妆"品牌突出重围、崭露头角的原因之一

浙江商人的果敢与勇气,以及善于发现隐藏在困难表象下商机的能力,

是成就品牌的原因之一。浙江山多田少，也正是在这样的环境下，努力的浙江人利用每一点资源，甚至在山上开发田地，才形成了如今颇具特色的梯田景观。寻找机会，仿佛是浙江人与生俱来的天赋。

珀莱雅的创始人侯军呈，在20世纪90年代，也只是一个化妆品的小代理商。当时，中国化妆品市场对外资品牌采取了完全放开的态度。在外资品牌强有力的兼并攻势下，在很长一段时间里，国产化妆品牌一直是在夹缝中求生存。当时正在做代理商的侯军呈在困境中敏锐地嗅到了商机。于是，他来到杭州，创建了珀莱雅。侯军呈在经营珀莱雅期间始终保持着对渠道的敏感性和执行力，并且穷尽一切手段，永远在风口，"谁红跟谁玩"，快速入场、试错、调整。这也使得珀莱雅坐上了如今国产化妆品的头把交椅。

以珀莱雅为代表的浙江企业一直立于行业经济的潮头。当多数人站在风口上犹豫不决时，敢为人先、过人的创新胆识，让浙江商人果断出手，先人一步。这不仅仅是珀莱雅单个企业的成功秘诀，也是无数浙江企业成功的关键因素。

做企业并非一蹴而就，也并非靠一时的声名鹊起，唯有脚踏实地，不忘来时路，方能久久为功，走好未来路。如果说珀莱雅是搭上了电商与直播的快车，那么欧诗漫就是自己创造了自己的机遇。

二、脚踏实地、不忘来时路的发展精神，是"浙妆"品牌能在这场国货潮流中突围的根本因素

久久为功，走好未来路。在几年前，欧诗漫还只是个知名度不高的浙江化妆品品牌。可有多少人知晓，在过去的50年里，如今已76岁高龄的创始人沈志荣，一直勤勤恳恳地带领品牌团队研究珍珠的生产与深加工。截至2021年，欧诗漫已拥有146项专利，在国内外核心期刊发表40篇论文。脚踏实地、深耕专业，专研珍珠的欧诗漫可谓"十年寒窗磨一剑，今朝出鞘试锋芒"。

脚踏实地，不忘来时路，品牌的成功也反哺了德清的乡亲们。如今的

德清，拥有亚洲最大的淡水珍珠深加工科研基地、珍珠产业园和珍珠博物馆。关于珍珠的故事已经融入了德清人的血脉之中。做好产品，才能真正抓住消费者的心。

欧诗漫的成功之路，折射出的是创新务实的实干精神，是水滴石穿、绳锯木断的韧劲，是埋头苦干不怕吃苦的品质，是割舍不断的家乡情怀。

几十年来，商海浮沉，当浪潮退去，留下来的都是在海浪中吞下几口海水、流过几行热泪的"神话"。好的品牌就像珍珠，时间自会洗去不入流的浮沙与淤泥。只靠营销没有产品，只重利益而不顾社会责任的企业自然会被消费者抛弃，而好的企业自会像珍珠一般被消费者喜欢。

"浙妆"品牌突围的背后是国潮情怀难以抵抗的崛起之势，在这场国货逆袭的潮流中，无数的浙江企业让消费者看到了希望。

一是中国制造越来越强，而中国制造离不开浙江制造。浙江的海外"抢单团"们满载而归，义乌被人戏称为能通过订单量提前预知美国大选结果的地方。中国制造的商品，正逐渐摆脱质量差的标签，取得全球人民的信赖。民族品牌的产品立于世界之林，使得国民对自有品牌越来越有信心。

二是更多的浙江品牌将中国本土的故事、本土的情感糅合在品牌内涵中，随着自我认同感、民族认同感和自信心的提高，人们更愿意为产品背后的品牌文化买单。

浙江是永嘉学派的发源地。义利并举，胸怀天下，是浙江人的胸襟与情怀。无论是珀莱雅的创始人侯军呈，还是欧诗漫的创始人沈志荣，抑或是千千万万的浙江企业，强烈的亲缘归属感、家族荣誉感，让他们在成就自己的同时不忘反哺家乡与社会，丰富了品牌的故事与内涵。优质硬核的产品力以及能够反向滋养品牌内涵的文化力，或许是在产品打造之"术"之外更需要构建的长久之"道"。

三、结语

穷则思变，变则通，通则达。对浙江人来说，大自然没能赠予太多的礼物，一切都只能通过自己的双手去创造。

与时俱进，勇立潮头，浙江品牌所蕴含的是世世代代的浙江人孕育出来的宝贵财富。浙江商人一直以来被中国看好，被世界看好，故而更要坚持"跳出浙江、发展浙江"的大手笔，在更大范围、更广领域、更高层次参与中国潮流的创造。

执笔人：李冉冉

指导教师：邵　鹏

电竞为何在"浙"里实现弯道超越?

2022 年 11 月，杭州发布《关于推进新时代杭州动漫游戏和电竞产业高质量发展的若干意见》，明确提出到 2025 年初步建成国际动漫之都、电竞名城的目标。

其实，自 2020 年 12 月 16 日亚奥理事会宣布电子竞技获准列入杭州亚运会竞赛项目后，电子竞技产业就开始在浙江加速奔跑。

一、制定行业标准，推动电竞规范化发展

浙江省电子竞技协会作为代表浙江参加全国电子竞技运动的唯一合法组织，在电竞行业标准方面作出了卓越的贡献。

作为竞赛中的执法人员，裁判员在竞赛中发挥关键性作用，为此浙江省电子竞技协会积极规范裁判员工作。从 2016 年开始，浙江省电子竞技协会为加强裁判员队伍建设，多次举办浙江省电子竞技运动项目裁判员考级培训班，培养出一大批国家一、二级电竞裁判员。

累积一定数量的电竞裁判员后，浙江省电子竞技协会于 2020 年 12 月 5 日在杭州召开浙江省电子竞技裁判员委员会成立会议，会上选举产生了浙江省电子竞技裁判员委员会成员，并通过了《浙江省电子竞技裁判员管理实施办法（试行）》，为电竞赛事的规范化奠定裁判员人才基础。

此外，浙江省电子竞技协会对电子竞技赛事和电子竞技运动员也进行相应管理。其于 2018 年制定《浙江省电子竞技赛事管理办法（试行）》，于 2023 年发布《浙江省电子竞技运动员技术等级评定规范》，以强化电子竞技的规则性与公平性。

二、大量布局赛事，电竞与文旅双向赋能

近年来，浙江省积极举办众多大型电竞赛事，从以"地域下沉"为特色的浙江省 TGA 全民电竞挑战赛，到圈内爆火的《梦幻西游》手游武神坛巅峰联赛、第六届王者荣耀全国大赛东南赛区联赛等，进行多层次赛事布局。

在众多电竞赛事中，与传统文化双向赋能成为浙江地区赛事的一大特色。2022 年 4 月 7 日，杭州电魂网络科技股份有限公司在《梦三国 2》年度战略发布会上首次提出"国风电竞"概念，这也是"梦三国"系列游戏受玩家欢迎的重要原因：三国题材自带 IP 和流量，成为玩家的"国产情怀寄放点"。2022 年 9 月 20 日，《梦幻西游》手游武神坛巅峰联赛在杭州召开"联盟品茗大会"，提出打造出一个赛事文化与地域文化双向赋能，且最具文化底蕴的电竞品牌的目标，让观众与赛事建立更加紧密的情感连接。"联盟品茗大会"不仅邀请了非遗龙井技艺传承人樊生华老师，还宣布将在 S5 赛事期间继续携手杭州扇艺非遗匠人孙亚青老师，共同打造巅峰战队专属的定制艺术品，在向玩家呈现非遗技艺内涵的同时，也让赛事品牌浸染传统文化的特色。

提及传统文化必离不开旅游发展，文旅和电竞通过线上线下相结合的方式双向赋能。2021 年，《梦三国 2》就宣布和国内 5A 级风景区老君山合作，在游戏中植入景区自然风光与传统文化，同时也在景区中制定游戏特色旅游线路。此外，《梦三国 2》还与清明上河园、华山、梵净山、金刀峡等景区进行文旅融合联动。2022 年 10 月，湖州南浔古镇举办的第六届王者荣耀全国大赛东南赛区联赛（决赛）不仅将南浔古镇的江南水乡特色风格融入舞台，还将众多传统文化元素融入本次东南赛区冠军信物——青釉山水杯之中。青釉山水杯由龙泉青瓷烧制技艺制作，其设计要素融合良渚玉琮、西湖群山、钱潮水纹等地缘符号，以源远流长的中华文明来展现王者荣耀的电竞精神。此外，网易电竞 NeXT2022 冬季赛杭州线下赛运用数字化的方法将雷峰塔、西湖等杭州标志性人文景观与电竞舞台进行融合，打造沉浸式杭州人文主题电竞舞台，助推杭州旅游业发展。

三、着力建设场馆，延伸电竞产业链

政企合作建设的地方性电竞特色小镇和民间自发建设的电竞场馆，为浙江省延伸电竞产业链打下了基础。

其实早在 2017 年 6 月，中国（杭州）电竞数娱小镇就已落户杭州。作为全省首个电竞数娱小镇，其以全国、全省电子竞技产业综合发展先行区、引领区为定位，以电竞文化为主题，以打造赛事 IP、电竞数娱内容制作、电竞数娱内容传播、网红直播、影视演艺为核心内容，目标是成为具有国际影响力的全球电子竞技产业发展高地。

同时，为承办亚运会电子竞技比赛项目，杭州市已建成国内首座专业电子竞技场馆。该场馆按照甲级场馆建设标准和绿建三星设计，总建筑面积约为 8 万平方米，为国内最大的曲面阳极氧化铝单板单体建筑，荣获国家和浙江省多项建筑业金奖。

温州也紧跟电竞发展潮流，打造浙南电竞小镇。该小镇作为温州地区唯一以"电竞"为主题的高科技、数字化特色小镇，已成功列入浙江省第六批特色小镇创建名单。其规划面积约为 3.24 平方千米，为电竞小镇的后续发展奠定了坚实的基础。

绍兴上虞区的 e 游小镇也承办过诸多电竞赛事。小镇内的盖奇电竞馆是目前全省最大的单体建筑电竞馆，为绍兴今后发展电竞赛事表演产业打下了基础。

此外，浙江金华亿竞电竞娱乐综合体、兰溪氧气电竞馆、衢州巅峰电竞馆等民间自发建设的电竞场馆也在积极推动地方性电竞产业发展。

四、高校孕育人才，推进电竞研究

高校是孕育电竞人才的摇篮。早在 2011 年，浙江理工大学就开设了"世界电子竞技大赛概论与实践"课程，该课程受到了学生的追捧，成为学生眼中的抢手课程。2018 年 6 月，浙江东方职业技术学院和温州超神互动网络科技有限公司共同建立了浙江省首个电竞学院。此外，浙江省高校自发组建的电竞社也在电竞人才储备方面发挥着积极作用。

电竞赛事是电竞人才展现才能的关键平台。"义乌国际电子竞技大赛""浙江省电子竞技大赛""浙江省高校电子竞技联赛""全国电子竞技公开赛浙江省队选拔赛"等多个在浙江省发展起来的品牌赛事，正逐渐完善并且走向全国，涌现出大批电竞人才。

浙江省电子竞技研究中心的成立推动了电竞教育的规范化发展。该研究中心由浙江省电子竞技协会、浙江传媒学院新媒体学院和杭州威佩网络科技有限公司三方联合共建。中心针对不同时期和阶段的任务，联合开展专业课程编写、实践基地建设、电竞专题调研和专业人才培养。此外，该研究中心还进行电竞职业规划的研究，并在全省启动电竞职业规划与电竞教育培训，希望为有志于投身电子竞技行业的人才提供指引。

电子竞技作为青年群体寄托情感和获得精神力量的益智类运动，具有重要的文化教育意义。2022年11月10日，欧盟高票通过了一项与电子游戏有关的决议，这标志着欧盟将大力推动电子竞技的本土化发展，以降低电子游戏的进口依赖，将电子竞技的发展上升到战略层面的高度。

可以预见，我国电子竞技的国际化发展将会面临更大的竞争压力。为此，我国需要把握诸如亚运会等国际赛事契机，助力中国电竞走出国门，高质量出海。

执笔人：董力羽

指导教师：邵　鹏

"浙"里的"智造"如何迈向未来？

现今，第四次工业革命和新一轮科技革命开展得如火如荼。制造业作为工业的核心领域，在不断改革升级中迈入了智能时代。

中国是世界最大的制造业国家，力争到2025年迈入制造强国行列。中国在制造业领域有着强烈的转型升级和高质量发展需求。

恰逢产业变革历史机遇，中国紧抓前沿科技，加快推动智能制造发展。

一、什么是智能制造？

智能制造源于人工智能的研究，是以前沿技术（以智能技术为代表）为指导的先进制造，包括以智能化、网络化、数字化和自动化为特征的先进制造技术的应用，涉及制造过程中的设计、工艺、装备和管理，是先进制造技术与新一代信息技术的深度融合。

智能制造既是我国制造业创新发展的主要抓手，也是制造强国建设的主攻方向。智能制造发展水平关乎未来我国制造业的全球地位，对于加快发展现代产业体系、巩固壮大实体经济根基、构建新发展格局、建设数字中国等具有重要作用。

在智能制造中，制造仍是"主语"，智能成为制造新特征。

不同于西方智能制造发展模式，我国充分发挥后发优势，采取数字化、网络化、智能化"并行推进、融合发展"的技术方针。

二、"浙"里的智能制造发展成果

作为中国制造强省，浙江一直站在制造业转型发展的前端，贯彻实施

《"十四五"智能制造发展规划》，顺应科技发展潮流，不断推进制造业产业升级，在智能制造领域领先全国，做出成绩。

（一）建设智能示范工厂

2022年12月，工业和信息化部公布2022年度智能制造示范工厂揭榜单位和优秀场景名单。浙江的巨化集团有限公司等6家企业入选"智能制造示范工厂揭榜单位"，浙江石油化工有限公司等17家企业的22个智能制造场景入围"智能制造优秀场景"。

自2021年国家智能制造示范行动启动以来，浙江累计有45家企业入围示范工厂和优秀场景，其中示范工厂15家，优秀场景30家，总数位列全国第二。

2023年1月，浙江省经济和信息化厅正式公布《2022年第二批浙江省未来工厂名单》，认定浙江传化化学品有限公司"传化高端纺织印染助剂未来工厂"等11家工厂为2022年度第二批省级未来工厂。

智能工厂是智能生产的主要载体，智能生产是制造智能产品的物化过程，即狭义的智能制造。智能工厂具有信息化、智能化、预测性和协同性四大特点，充分体现数字化、网络化、智能化技术与制造技术的融合，同时实现生产过程自动化和生产管理信息化。

例如，巨化集团有限公司近年来深入开展未来工厂建设，围绕"智能制造"和"智慧管理"两大主线，充分利用云计算、大数据、人工智能、物联网、工业互联网、5G、区块链等先进技术，聚焦精良装备、数字化车间、企业大脑、数字化产业四大领域，形成了数字化设计、智能化生产、数字化管理、安全化管控、绿色化制造、个性化定制、网络化协同、服务化延伸等八大方面的智能制造应用场景。

浙江智能工厂的建立和发展在数字化、网络化转型升级方面做出表率，为中国制造业树立榜样，为智能制造发展提供良好范例。

（二）发展智能服务新业态

数字化、网络化、智能化技术的发展不仅促进了生产智能化，同样也引发了制造服务的深刻变革。

制造服务的迭代升级重点体现在新一代人工智能技术的应用上。制造业大省浙江在人工智能技术上又取得了怎样的成效呢？

2022 年 8 月 31 日，浙江省发展规划研究院联合省委网信办、省发展改革委、省经信厅、省科技厅共同发布《2022 年浙江省人工智能产业发展报告》（简称《报告》）。《报告》显示，浙江省人工智能规模效益保持较快增长。2021 年，浙江省人工智能企业实现总营业收入 3887.42 亿元，同比增长 30.96%，实现利润总额 446.32 亿元。

从区域布局来看，浙江省特色化发展格局加快形成，人工智能产业形成以杭州为核心，宁波、嘉兴、湖州、绍兴、金华等地区快速发展的态势，杭州在人工智能科技产业城市（不包含直辖市）竞争力评价指数排名中位列全国第二。

浙江省人工智能发展梯队建设逐步完善，截至 2021 年年底，浙江省拥有人工智能企业 1156 家，同比增长 60.33%，300 余家新获批省"专精特新"人工智能中小企业，形成了梯次分明、规模较大的人工智能企业队伍，人工智能企业授权发明专利达到 23538 件，技术创新成果亮点突出。

不仅如此，我省人工智能产业基本覆盖了基础层、技术层和应用层三个层面，形成了从核心技术研发、智能终端制造到行业智能化应用的完整产业链，并在应用场景、社会实践和基础建设等方面发挥着重要作用。

浙江省人工智能产业的不断突破为制造业发展智能服务新模式、新业态提供了强大支撑。

（三）打造智能制造专业群

人才是产业发展的第一资源，想要打造全球领先的制造基地，就必须聚集人力资源。

2019 年，国务院正式印发《国家职业教育改革实施方案》，启动实施中国特色高水平高等职业学校和专业建设计划（简称"双高计划"）。"双高计划"旨在集中力量建设一批引领改革、支撑发展、中国特色、世界水平的高职学校和专业群，引领职业教育服务国家战略、融入区域发展、促进产业升级。

浙江省通过智能制造专业群建设培养高素质技术人才，为浙江省经济社会发展提供强有力的人才支撑，使"双高计划"专业群更好地引领改革，在一定程度上促进制造业的创新性进步。

例如在 2022 年公布的浙江省一流技术学院和高水平专业群建设项目入选名单中的余姚技师学院（筹）智能制造专业群就是典型例子之一。

余姚技师学院（筹）立足本地区域经济发展新增长点，依托智能制造产业链，构建起以数控加工专业为核心的智能制造专业群，同时拥有一支行业有影响、科研水平高、解决工艺技术问题能力强的高职称、高技能双师队伍，旨在培养大批高素质劳动者和技术技能人才，满足技工院校专业建设对接产业发展转型升级需求。

三、"浙"里的智能制造未来道路

（一）"415X"先进制造业集群培育工程启动实施

2023 年，浙江启动实施"415X"先进制造业集群培育工程，以高端化、智能化、绿色化、国际化为主攻方向，以"腾笼换鸟、凤凰涅槃"为主要抓手，聚焦发展质效、创新动能、产业结构、质量品牌、绿色发展等 5 个维度，统筹推进空间腾换、招大做强、企业优强、品质提升、数字赋能和创新强工六大行动。通过加大集中财力支持、强化基金引导、创新金融服务、加强用地保障、加强用能保障、加强人才支撑、健全工作体系等 7 个方面的支持，力争经过 5 年的努力，加快构建以"415X"先进制造业集群为主体的现代化产业体系，使浙江制造在全球价值链、创新链、产业链的位势明显提升。到 2027 年，全省"415X"先进制造业集群规上企业营业收入突破 12 万亿元，不断夯实"两个先行"的重要产业基础。

（二）投资推动先进制造业基地建设

作为拉动经济增长的"三驾马车"之一，投资拉动启动快、见效大。

2023年1月10日下午，浙江省召开了2023年实施扩大有效投资"千项万亿"工程工作部署会。会议指出，在未来5年里，每年推进1000个以上省重大项目，每年完成投资1万亿元以上，先进制造业基地作为重点工程，涉及212个项目，计划投资16672亿元。

（三）形成经济高质量发展新优势

2023年1月，浙江省十四届人大一次会议召开，政府工作报告指出，把发展经济的着力点放在实体经济上，扎实推动制造业高端化、智能化、绿色化发展，大力实施数字经济"一号发展工程"，推进现代服务业与先进制造业、现代农业深度融合，完善现代化基础设施。

制造业是立省之本、强省之基。智能制造是时代之需，也是浙江省制造业当下变革发展的主要方向。浙江省坚持因时而变、砥砺创新，坚持推动制造业转型升级、积淀强大动能，为擘画全国制造业智能制造蓝图提供强大动力与支持。

执笔人：周姝男

指导教师：邵　鹏

杭嘉湖地区的天下粮仓之路

凛冬的清晨，堆积的稻梗蒙上霜雪的面纱，招呼声混合着"哐当哐当"的打糕声打破了屋外的冷寂，穿着鼓囊囊花衣服的小孩嘴角还沾着几粒新米，哼唱着新年到来的童谣。

一首"秸秆还田为新米，村庄换骨成城镇"的历史之歌飘荡在杭嘉湖平原之上。

一、种稻、驯稻

河姆渡遗址博物馆中陈列着来自约七千年前的黑稻谷，诉说着杭嘉湖地区稻作农业的开端。

为了稻谷的种植，河姆渡人用藤条和兽骨制成"铲子"；为了稻谷的产量，河姆渡人在日复一日的原始耕种中学会了人工灌溉；为了稻谷的存储，河姆渡人用陶土捏作盛放的贮器。

日出而作，日落回到梁架支撑、榫卯相交的木制干栏式民居中，河姆渡人的文化，借助稻谷的力量，日复一日地渗透到大地之中。

良渚时期，零零散散的农田发展成了规则的、长方形的大面积田块，田埂和配套的灌溉水渠穿插其间，为稳定的稻作生产打下了基础。

农业的发展和剩余产品的出现，使手工业从农业中分离出来，产生了以制陶业、玉石业为代表的专门手工业，分化出脑力劳动阶层与体力劳动阶层，社会分工由此演进。

漫步良渚博物馆，聆听着良渚古人修坝凿井、种稻畜牧、兴屋建城，用智慧驯服稻谷、用勤劳繁衍生息的故事，"文明的曙光"照耀在我们的心间。

麦穗随风摇摆，一浪接过一浪。历经河姆渡、良渚时期，杭嘉湖地区在种稻、驯稻之路上层层钻研，步步启明。

二、奉"仓"承"运"

隋朝时期关中地区地狭人广，土地的过度开发导致水土流失，小麦生产不足以满足人们的生活需求。在江南粮食充足的情况下，隋文帝在全国各州设置官仓与义仓，储存粮食以防灾备荒。公元610年，隋炀帝疏通江南河，"自京口至余杭，八百余里，广十余丈"，向首都洛阳漕运粮食。

南宋政府为了满足都城临安（今浙江省杭州市）100多万居民的每日生活需求，要求从两浙路向都城输送上供米。当时临安城内最大的米业集散地——湖墅米市，十里长街，米行堆满米囤，仿若银山座座。

大运河纵贯华北平原、淮河平原、长江三角洲、杭嘉湖平原，是隋、唐、宋时期的重要经济命脉，不仅节省了巨大的物流成本，还带动了运河沿线的经济发展。

清朝时期，运河沿岸商铺林立，茶楼酒肆、典当银楼、南北杂货应有尽有。数以千计的舟船南来北往，转运四方，民间形成了"漕帮"文化。

依托不断完善的运河和漕运设施，杭嘉湖地区不断提高稻作产量，加快粮仓建设。杭州的富义仓如今仍然保存完好，和北京的南新仓一起，被誉为最后的"天下粮仓"。

三、天下粮仓

有田种粮是确保有粮可产的基础。为保证有田种粮，浙江省印发了包括《关于坚决制止耕地"非农化"防止耕地"非粮化"稳定发展粮食生产的意见》《关于加快推进抛荒耕地综合利用的通知》在内的多份文件。

2020年，浙江省新建高标准农田64.9万亩（一亩约合666.67平方米），粮食总产量121.1亿斤。2021年，浙江省持续深化"千万工程"，坚决整治耕地"非农化""非粮化"，粮食总产量增长2.5%。

种子是农业的"芯片"。杭嘉湖地区建设现代粮仓，需要质量优异的稻种加持。2021年，浙江省依照《中华人民共和国种子法》，从种质资源保护、品种选育与管理、种子储备、种子生产经营以及扶持等方面做出规划。

2022年，浙江省农业农村厅发布《水稻机械化种植方案》，提出要加大水稻育供秧建设投入。2022年9月，"2022浙江·长江下游水稻新品种大会"在嵊州举行，杭州的"浙粳优1578""浙杭优220"和嘉兴的"嘉丰优2号""嘉禾优7245"都获得了推荐品种称号。下一步，浙江省农业科学院将持续深化农业"双强"行动，着力推进种业科技创新和成果推广应用，以更好地保障种源安全、促进稳粮增收。

稻渔共生，稻渔共赢。稻渔综合种养模式具有稳粮增收、生态安全、质量安全、富裕百姓、美丽乡村等多重效应。2020年，浙江省发布了《浙江省农业农村厅关于开展稻渔综合种养重点示范县和示范基地建设的通知》，希望通过三年左右的时间，形成具有浙江特色的标准化、规模化、生态化、品牌化稻渔综合种养产业发展新格局。

杭嘉湖地区力求通过促进农渔深度融合，实现农民增收、渔业增效和乡村振兴、共同富裕的目标，打造杭嘉湖平原水乡稻渔综合种养产业高质量发展集聚地。

实施优粮优产、优粮优购、优粮优储、优粮优加、优粮优销"五优联动"，着力推动产业链、价值链、供应链"三链协同"。推动"五优联动"就是要从选定种植优质水稻品种开始，到稻谷分类收购、按品种单独储存和加工，最后以优质品牌大米形式销售，让优质米卖出好价钱。

2022年，浙江省顺利完成7900吨优质晚稻加工企业招标工作，给农民带来订单补贴316万元；解决加工企业粮食收购资金达1965万元；节约政府调拨费用110.6万元，推动形成本地农民种好本地粮、广大居民吃到更多本地优质稻米的"粮"好局面。

四、结语

在这个粮食生产百花齐放的时代，杭嘉湖地区的粮食建设一直在路上。未来，杭嘉湖地区要进一步抓实粮食安全这个"国之大者"，擦亮杭嘉湖地区现代粮食基地的"金字招牌"，探索农民持续增收的"最优答案"，切实增强乡村振兴的内生动力。

执笔人：徐思盈

指导教师：吴晓平

下一个十年，在"浙"里接力

一匹丝绸穿越浩瀚沙漠，在漫天黄沙中，在驼铃声中向西方前行；一匹丝绸历经千难万险，在海阔天青中，在扬帆起航的欢呼声中远赴西方。两千年前，一匹匹丝绸跨越沙漠和海洋来到西方，自此，一条传承千年的商道便建立起来，丝绸之路由此诞生。

时代的季风吹来，吹过沉淀千年的历史，吹过蜿蜒曲折的丝绸之路。岁月大浪淘沙，留下千古的丝路精神。时至今日，"一带一路"倡议已提出十年，在这十年的历程中，"一带一路"收获了无数赞誉和成就。2023年，"一带一路"也迎来了发展的新契机。

一、"一带一路"，"一路生花"

2023年是"一带一路"倡议提出十周年。在这十年历程中，"一带一路"，"一路生花"，朵朵鲜花皆是享誉全球的中国制造，朵朵鲜花均体现出了磅礴的中国力量。

基础设施建设是各国互联互通的前提，更是"一带一路"发力的重要战场。各国人民手挽手、肩并肩，共同奔赴各项基础设施建设的战场。中老铁路全线开通运营，东南亚第一条高速铁路——雅万高铁开通运营，柬埔寨第一条高速公路正式通车，国际民航运输航线网络不断拓展……在各国人民的共同努力下，"六廊六路多国多港"的互联互通架构已基本形成。一大批互利共赢项目成功落地，为共建"一带一路"国家的经济发展提供了强大助力。同时，截至2023年，已有超过三分之一的共建国家在建设重点基础设施项目时采用中国标准。

贸易畅通是共建"一带一路"的着力点,是推动共建"一带一路"国家经济发展的重要力量。自"一带一路"倡议提出以来,我国与共建"一带一路"国家的经济往来就日益密切,已成为 25 个共建国家最大的贸易伙伴。此外,从 2013 年到 2021 年,中国与共建"一带一路"国家的进出口总值由 6.5 万亿元增长至 11.6 万亿元,年均增长 7.5%;我国对共建"一带一路"国家的直接投资累计达到 1613 亿美元,年均增长 5.4%。随着贸易自由化、便利化水平的不断提升和"一带一路"倡议的落地,我国与共建"一带一路"国家的经济往来愈加频繁,共建国家的经济水平也迈上了一个新的台阶。

中国的高质量发展需要高水平的对外开放,而高水平的对外开放则意味着国内国际双循环新发展格局的建立。"一带一路"倡议发挥了无可替代的重要作用,展现出了极强的推动力和引领力。党的二十大报告明确指出,共建"一带一路"已成为深受欢迎的国际公共产品和国际合作平台。由此可见"一带一路"在推动构建双循环格局中所起到的重要作用。中国在"一带一路"建设中的盟友不断增加,关系日益密切,对外开放格局日益深化,截至 2022 年年底,累计已有 150 多个国家、30 多个国际组织签署了 200 余份共建"一带一路"合作文件。

不论是基础设施建设、贸易往来还是对外格局深化,"一带一路"收获了满满的成就,这些成就皆是"一带一路"沿途的美丽风景。

二、下一个十年,在"浙"里接力

在众多因素干扰下,世界秩序重构加速,尽管全球化进入深度调整期已成为共识,但其作为经济发展的必然趋势一定不会改变。随着全球经济稳步复苏,全球范围内的互通互联也有回暖之势。新的十年,高质量发展与高水平对外开放仍然是中国绕不开的话题。"国内国际双循环"仍然是"一带一路"建设难以忽视的关键词。

事实上,浙江省在构建双循环新发展格局上是有一定的发言权的。2022 年,浙江把握住了双循环机遇。相关数据显示,2022 年 1—11 月浙江进出口增长 14.7%，外贸增长贡献率居全国首位；宁波舟山港货物吞吐量连续 13 年居世界第一，"义新欧"班列开行数量居全国前三。

（一）区域合力、协同发展，共促国内市场良性发展

构建新发展格局，是以全国统一大市场基础上的国内大循环为主体。只有在国内大循环处于稳定、高效的情况下，国际大循环才能建立。在世界百年未有之大变局下，构建稳定、高效的国内大循环，促使国内市场良性发展成为首要任务。区域合力、协同发展才是构建国内大循环的最优解。

为此，浙江省提出了"与"字形经济开放发展理论模型，比较完整地呈现出浙江城市群、产业群和产业走廊分布的空间形态格局。经过几年的努力，"与"字形经济开放发展格局已初见雏形。浙江各地串点成线，浙江各经济带串线成面，逐渐形成从杭州、嘉兴、湖州经过宁波、绍兴再至台州、温州的产业发展格局，特别是以杭州、宁波、温州三大城市为主体的全省经济发展的主要引擎和产业走廊已基本成型。在打通省内经济的经络后，浙江意识到国内各区域协同发展的重要性，于是浙江依托以上海为中心的长三角经济区，实行深度融合的区域一体化发展战略，加强与其他区域的联系，带动周边地区协同发展，推动国内各省份相互联结，促进国内大循环。

对"一带一路"建设来说也是如此。一方面，只有国内市场稳定、国内大循环良好，才有"走出去"的底气，才能使"一带一路"建设稳步前行；另一方面，区域合力、协同发展也是与共建"一带一路"国家合作共赢的方式之一。唯有通力合作才能促成区域共同繁荣，唯有各个国家、地区协同发展才能促成互利共赢。

（二）"抢订单""代参展"成为打造"双循环"格局的新钥匙

习近平总书记指出，新发展格局是开放的国内国际双循环，不是封闭的国内单循环。在诸多因素的影响下，浙江企业和国际市场之间的距离不断拉大，距离的拉大往往意味着信任度的降低。相互的信任、理解与合作是构建"双循环"格局的必备要素，因此"破冰"成了当务之急。

两方僵持必有一方先行，而浙江企业就勇于做先行者，以"抢订单"的方式迅速拉近距离、恢复商业联系。在众多企业纷纷表达出对烦琐的国内外往返手续的担忧时，浙江为企业"抢订单"打开"空中通道"，建立和完善商务人员出入境便利化服务保障机制，为企业的前行之路免去后顾之忧。眼见新模式成效显著，"抢订单"也逐渐玩出了新花样。例如，杭州市大力推进"双百双千外贸拓市场"行动，组织超 150 个团组，3000 家以上企业出境开拓国际市场，力争实现年新增外贸订单 1000 亿元；宁波市则启动了"百团千企万人"行动，以 2023 年 4 月为节点，力争组织赴境外拓市团组超过 100 个、企业超 1000 家、出境人员超万人，力争实现 100 亿美元外贸新订单。

"抢订单"模式以浙江企业为主体，而"代参展"模式则以浙江产品为主线。所谓"代参展"模式，是指当企业代表因各种原因，实在无法亲自到场时，可以通过展品出境、现场展示、线上洽谈等形式促成交易。这一模式不仅使得各类浙江产品重回国际舞台，更是在特殊情况下，确保国际采购商看得见、摸得着，从而提高洽谈效率，增加洽谈成功的可能性。

不断加强与共建"一带一路"国家的经济往来、文化互动，推动贸易投资更加自由化、便利化。鼓励中国企业"抢订单"、支持中国产品"代参展"，不仅能推动构建"双循环"格局，还能拉近中国与共建"一带一路"国家的距离，增加中国与共建"一带一路"国家的经济往来、文化互动。

（三）推动数字经济发展成为打造"双循环"格局、建设"一带一路"的必由之路

创新在现代化建设中占据核心地位，因此以创新为导向，加快实施数字经济创新成为浙江发展的"关键词"。随着数字技术的不断发展，数字经济不仅成为浙江的一张"金名片"，也成为浙江企业的一张"云名片"。推动数字经济发展更是成为打造"双循环"格局、建设"一带一路"的必由之路。

数字技术的不断发展，既推动了数字经济与先进制造业、现代服务业、现代农业的深度融合，也给浙江企业"走出去"提供了便利、便捷的新手段。事实上，在"云"上连接各个国家和地区已经成为浙江企业的日常。浙江省已与多个国家和地区展开了数次主题鲜明、目的明确的"云会面"。一次次线上洽谈带来了一笔笔海外订单，除此之外，"云会面"也促使浙江企业与国际市场接轨，推动浙江企业加速融入全球经济舞台，助力"双循环"新发展格局的建立。

发展数字经济是建设"一带一路"的必经之路。一方面，国家之间使用的货币各不相同，因此在共建"一带一路"国家旅游、购物时兑换货币是一件比较麻烦的事情，而通过发展数字经济，推动数据互联互通互享，则可以在共建"一带一路"国家布局世界电子贸易平台，使移动支付、城市大脑等在共建"一带一路"国家推广开来。另一方面，数字丝绸之路的建设势在必行，不仅要稳妥开展健康、绿色、数字、创新等新领域合作，培育合作新增长点，还要深化数字领域合作，发展"丝路电商"，构建数字合作格局。

十年风雨辛劳，终得硕果累累；沿途花开烂漫，各地赞誉不断。2023年既是"一带一路"的丰收年，更是"一带一路"新的出发点，下一个十年如何深耕，还看"浙"里！下一个十年，在"浙"里接力！

执笔人：林　可

指导教师：吴晓平

文旅局局长代言:如何从"出圈"到出彩?

"竹外桃花三两枝,春江水暖鸭先知。"春天来了,天气逐渐转好,随着新冠疫情的阴霾消散,旅游业迎来了新的生机。文化旅游作为强国建设的重要组成部分,应被赋予创新创造的色彩。中共中央办公厅、国务院办公厅印发的《"十四五"文化发展规划》明确指出,文化是国家和民族之魂,也是国家治理之魂。没有社会主义文化繁荣发展,就没有社会主义现代化。建设社会主义文化强国是全面建设社会主义现代化国家的题中之义。

为建设文化阵地,各地的旅游主管部门(以下简称文旅局)在宣传推广上各显神通。四川省甘孜藏族自治州(以下简称甘孜)文旅局局长刘洪身着民族服饰的变装视频走红后,各地文旅局局长纷纷效仿,通过变装亮相,推介当地旅游文化。

文旅局局长们的"出圈"是一种为人民服务的体现,其背后是各位文旅局局长运用新技术、新媒体和新手段,通过反差、变装等方式吸引游客的注意力并提升网民前往当地旅游的意愿,从而促进当地旅游产业的发展。

首先,甘孜文旅局局长变装"出圈"内含创新意识。随着互联网和新媒体的蓬勃发展,传统媒体日渐式微,跟随潮流使用新技术可以获得公众关注度,拉近政府与群众的距离。

其次,文旅局局长们的"内卷"体现了一种竞争意识。各地文旅局局长争相登上公众舞台,不仅"卷"自己,还通过创新的方式突破原有圈层,实现破圈传播。文旅局局长们的表率作用不仅有利于培养旅游业的创新意识,还能塑造本地旅游形象。

最后,文旅局局长们的"拼了",既体现了他们的牺牲奉献精神和工作意识的转变，也体现了他们在时代洪流中争当弄潮儿的决心。华丽的服化道背后，是文旅局的创新宣传，饱含了为人民服务的态度与情怀。

一、特色创意宣传让流量出彩

《"十四五"文化发展规划》明确提出了目标任务：文化事业和文化产业更加繁荣，公共文化服务体系、文化产业体系、全媒体传播体系和文化遗产保护传承利用体系更加健全，文化创新创造活力显著提升，文化和旅游深度融合，城乡区域文化发展更加均衡协调，人民精神文化生活日益丰富。

未来，文旅产业应该朝着多元化的方向发展。多元发展在于内容和形式，通过广泛的形式吸引游客，借助丰富的内容留下游客，带动经济发展，从而实现文化事业和文化产业的繁荣兴盛。

在形式方面，我们的文化旅游宣传工作不该止步于翻拍变装视频，应结合当今蓬勃发展的全媒体行业平台进行创新，包括微博、抖音、小红书等社交平台。

当地的传统文化氛围在旅游产业中应当像空气一般无时不在、无时不有，让社会大众充分领略地方特色文化的独特魅力。我们可以看到一些地方选择旅游直播，在线上向网友展示山河风光。数据显示，"#看山河"话题短视频在抖音平台上的播放量超过11.9亿次。

除此之外，也有一些"导游主播"的直播间中有遍布中国各地的景点以及相关的传统故事。这些创新方式不仅拉动了当地旅游业发展，还带动了旅游转型直播新模式，在这个注意力稀缺的时代传递着地方旅游记忆。

在内容方面，应该加大力度挖掘本地文化价值，拓展空间以实现可持续发展，丰富文化旅游项目。

譬如在传承文化的基础上，大力发展周边业态，推广当地文旅资源，形成完整的产业链。2022年，周庄旅游"香村·祁庄"项目获评"2022中国旅游创业创新精选案例"，项目整体规划包括嵌入式民宿、微体验餐饮、沉浸式农文化场景体验等业态。

文化传承是周庄发展的关键。周庄旅游通过持续挖掘乡村文化、整治村庄环境、规划四季田园景观、完善旅游基础设施，获得了有目共睹的社会经济效益，抓住了文化的扩展利用价值。

我们可以另辟蹊径，让"内容+创新"的理念融入旅游发展中，在不同的赛道上输出文化价值，而不是盲目跟风模仿，一窝蜂地在某个热点上制造流量。不是说效仿非明智之举，而是更多的创意能带来更多的效益。符合大众审美与需求的独特创意能让宣传工作出彩，为旅游发展创造持续性价值。

二、"卷"流量与"卷"服务并进

宣传只是文旅工作的一小部分，在发展规划中不可本末倒置。虽然各地文旅局局长使出浑身解数吸引游客，火爆"出圈"获得了巨额流量，但这种短期的流量巨潮能否成为可持续发展的推动力，取决于当地旅游业是否有品质支撑。

流量是把双刃剑。某博主退订康定酒店被拒，给差评后遭商家辱骂，甘孜文旅局局长刘洪放下狠话："如果谁砸了我们甘孜旅游的锅，我一定砸了你的饭碗。"旅游业的发展绝不该是文旅局局长一个人拼命吆喝呐喊，服务却在背后摆烂拖后腿。网红旅游城市最重要的就是在流量的引导下，把服务做好，坚决清除"害群之马"。

"卷"服务的内容还需要包括服务态度和服务质量。良好的服务态度能让客人产生亲切感、归属感、真诚感。良好的服务态度主要体现在认真负责、积极主动、热情耐心、细致周到。旅游从业人员只有将良好的服务态度内化于心，外化于行，才能提高服务质量。旅游产业只有做到可靠性、怡情性、感知性和有形性，才能留住游客的心。

相较于哪个地方的文旅局局长的变装更精彩这个问题，游客更关心的是当地有没有好的旅游基础设施、有没有优质的服务、有没有繁荣的商业环境。在流量的狂潮之后，旅游景区和当地政府更应关注游客的游玩体验。

让"看客"转变为"回头客"是旅游单位需要努力实现的目标。为人民服务这一理念须贯彻落实到文旅工作中。在为当地招揽到海量关注者后，当地文旅产业需要拿出满满诚意和坚定的服务态度，讲细节、求品质，通过创新"破圈而出"，再回归到群众中去。

让优质服务成为旅游流量的坚实后盾是旅游业发展的必由之路。只有服务质量过硬，宣传才能够名正言顺。

执笔人：来真伊

指导教师：李　芸

放心消费 3.0：新的一年浙江应该如何做？

2023 年 3 月 15 日，浙江省在"3·15 国际消费者权益日"主题活动现场发布 2022 年度全省消费维权十大典型案例，涉及汽车销售、个人信息、未成年人消费、医美、快递等多个领域。以买房带中央空调、抽价值 10 万的黄金、亚洲最大家具生产基地、保健药品能"预防新冠"等作为噱头的虚假宣传行为多次出现，侵害了消费者的权益。

我们能感受到，浙江省一直将消费者放在心上。如何创造更好更优的消费环境，让人民敢消费、想消费、能消费，让消费过程更加安全放心、便捷舒心，一直备受重视。2017 年，浙江省率先全面实施"放心消费在浙江"行动；2019 年，浙江省创新建立放心消费单位"后评价"体系，率先提出全域创建的工作理念；2021 年，浙江省以"五个一批"为指导，让放心消费创建进入"3.0"版快车道；2022 年，浙江省第十五次党代会把"深化'放心消费在浙江'行动"写入报告，继续深入推进"放心消费在浙江"行动；2023 年，浙江省从提质升级放心消费创建、提升消费维权工作效能、形成消费维权硬核成果、夯实消费维权法治基础、推进消费维权协同共治等方面发力，推进 2023 年度消费者权益保护工作。

保护消费者权益能促进消费，消费增长又促进经济发展，而经济繁荣又能带动消费，三者互利共生。2023 年 2 月，浙江省发布《关于下达 2023 年浙江省国民经济和社会发展计划的通知》（下文简称《通知》），要求把激活和扩大消费摆在优先位置，进一步提升传统消费、培育新型消费，鼓励消费模式、消费业态、消费场景创新，打响"浙里来消费"品牌。

一、看"浙"里经济发展，观"浙"里消费回暖

身在浙江，便能亲身感受浙江经济的快速发展。

2022 年，浙江省认真贯彻落实"推动消费恢复成为经济主拉动力"要求，全力促进消费稳增长，全省商贸运行平稳有序，消费品市场稳中向好。2022 年，浙江省社会消费品零售总额规模首次站上 3 万亿元新台阶，达到 30467.2 亿元，比上年增长 4.3%，累计增速高于全国 4.5 个百分点。

按经营单位所在地分，城镇消费品零售额增长 4.5%，乡村消费品零售额增长 3.4%。按消费类型分，商品零售额增长 5.0%，限额以上单位汽车类零售额比上年增长 13.7%，石油及制品类零售额增长 10.2%。生活类商品消费稳定增长。日用品类、粮油食品类、饮料类、中西药品类商品零售额比上年分别增长 4.8%、10.2%、10.3% 和 14.2%。通过公共网络实现的零售额为 3152.5 亿元，增长 19.8%。

经济的飞速发展让我们的钱袋子鼓起来，让我们消费更有底气、更有自信，生活也越来越有盼头。

二、述"浙"里经济规划，振"浙"里消费信心

期望使我们大步向前，规划让我们走得更远。统筹规划本省经济与社会发展的《通知》将为浙江省的全面发展保驾护航。

《通知》指出，把激活和扩大消费摆在优先位置，进一步提升传统消费、培育新型消费。推动消费复苏回暖，鼓励消费模式、消费业态、消费场景创新，打响"浙里来消费"品牌，力争社会消费品零售总额增长 4.5% 左右。

近年来，数字经济逐渐从各方面深入人民生活，在促进经济发展、满足人民消费需求的同时，创造出各类新的消费需求，对生产提出新的要求，为形成消费带动经济发展、经济发展带动消费的共赢局面注入新的动力。

基于此，浙江省持续推动数字技术深度融入各产业领域，积极探索实现经济高质量发展的新路径。《通知》提到，2023 年浙江省将大力推进数字产业化和产业数字化，培育超百亿元数字企业 40 家，新增智能工厂（数字

化车间）150 家（个），力争数字经济核心产业增加值增长 10%。

三、保"浙"里消费权益，在"浙"里放心消费

浙江省发布的《2022 年度全省消费维权白皮书》显示，2022 年，浙江省市场监管部门共受理投诉举报 194.92 万件，为消费者挽回经济损失 2.33 亿元。让消费者的合法权益得到有效保护是政府、消费者协会、企业、消费者等多方共同努力的目标。

（一）制定"好政策"，为消费者维权保驾护航

"好政策"为民心之所向、利民惠民。政策在保护消费者权益这件事上的重要性不言而喻。在 2023 年"3·15 国际消费者权益日"主题活动现场，浙江省市场监督管理局针对深化"放心消费在浙江"行动，推出六大举措：一是一体推进国家级放心消费示范城市、省级放心消费示范县（市、区）、示范社区创建，聚焦消费者关切；二是扎实推进消费供给品质提升行动，让广大人民群众吃得安心、用得舒心；三是大力推进无理由退货承诺行动，督促平台落实网络购买商品七日无理由退货制度，鼓励实体店经营者承诺实行七日或更长时间的无理由退货，推广先行赔付、责任保险制度；四是深入开展消费维权效能提升行动，优化快速回应机制，提升投诉举报快速处置能力，努力把消费纠纷化解在一线；五是会同公安、网信等有关部门联合开展消费市场秩序违规违约现象专项治理，严厉打击加价销售扰乱市场、捆绑销售违背公平、增设门槛不守合约等各类违规违法行为；六是用心开展"数智"服务消费者行动，做强消费维权线上一站式服务平台，全面开展消费投诉信息在线公示，充分保障消费者知情权。

政府对症下药制定政策，社会各界听从指挥进行整改，从而营造一个良好的消费环境，让消费者放心消费，让消费者维权无忧。

（二）充分发挥消费者协会的作用，提高消费维权水平

作为依法成立的对商品和服务进行社会监督，保护消费者合法权益的社会组织，消费者协会是保护消费者权益的重要力量。消费者协会作为消

费者利益的保护者，能够站在消费者的立场，反映消费者的意见，依靠消费者的力量，维护消费者的权益，是消费者利益的忠实代言人，发挥着有别于其他组织的重要作用：时刻关注社会消费热点，积极收集消费者建议，促使消费增长带动经济发展；时刻关注消费问题，加强对投诉、调查等相关信息的挖掘利用，为政府制定消费政策等提供助力；时刻关注社会焦点，充分发挥社会监督作用，针对侵犯消费者合法权益的行为进行点评、曝光，提高消费维权水平，切实加强对消费者的保护。

（三）加强平台治理，让消费者放心消费

数字化发展使平台在消费者的生活中占据着越来越重要的地位。有交易便会涉及权益保护。网络消费具有虚拟性、隐蔽性、技术性，这些特点使得消费者在维护自身权益时面临许多难题。作为消费者权益保护的第一责任人，平台需要重视合规性建设，这对消费环境的优化和消费体验的提升而言，有着举足轻重的作用。

相关部门应落实平台责任，督促平台加强对商户的监管。近年来，部分平台对商户监管不力，出现侵犯消费者合法权益的现象。落实平台责任，使平台积极监管商户、强化对消费者的保护，能够有效提升平台公信力，进而提升消费者的消费信心。

有关部门应主动加强平台治理，对违法违规的营利行为，依法予以处罚，构成犯罪的依法追究法律责任，切实加强新业态下消费者权益保护。此外，应保护合法合规电商经营者权益，鼓励平台积极承担社会责任，共同打造风清气正的平台市场环境，让消费者放心消费。

（四）积极宣传，提升消费者的维权意识

相关部门应主动开展普法行动，以提升消费者依法维权的意识。用通俗易懂的语言向消费者宣传《消费者权益保护法》《民法典》等保护消费者合法权益的法律法规。消费者也应主动学习相关法律，当自身权益受到侵害时，要主动拿起法律的武器保护自己的合法权益。

四、结语

保护消费者权益是一个长期且艰巨的任务，需要政府、消费者协会、企业和消费者的共同努力。2023 年是浙江省推进"放心消费在浙江"行动的第七年，浙江省紧紧抓住最广大人民群众最关心、最直接、最现实的利益问题，做到坚决维护消费者权益，努力提振消费信心。

执笔人：孙瑞悦

指导教师：李　芸

"浙茶"香飘十里路，"共富"迈进一大步

悠悠清茶香，春日采茶忙！

2023年3月21日，安吉白茶正式开采。作为农产品区域品牌建设的先驱，安吉白茶在脱贫增收、农业增效等方面产生了良好的经济效益与社会效益。

共同富裕是中国式现代化的重要特征。随着浙江高质量发展建设共同富裕示范区的全面推进，地方产业的发展成为助推共同富裕的一个时代命题。"粮食也要打出品牌，这样才能价格好、效益好。"

安吉白茶四十余年的发展历史，不仅是"一片叶子富了一方百姓"的史诗，也是中国地方产业助推乡村振兴与共同富裕的缩影。截至2022年，安吉县安吉白茶种植面积达20.06万亩，产值达32亿元，为全县农民人均增收8800余元，成为全国典型的富民产业。2022年，安吉白茶区域公用品牌的价值高达48.45亿元，连续13年入选全国十强，安吉白茶制作技艺正式入选联合国教科文组织人类非物质文化遗产代表名录，让世界看到了"浙茶"的力量。

一、"浙茶"出圈，有迹可循

（一）好茶得先叶香：品质为王，实现白茶进万家

万顷碧波于山间涌动，一叶一芯随风摇摆。安吉白茶的氨基酸含量是普通绿茶的3到4倍，初品汁水清甜，"香若幽兰"。

安吉距离杭州、南京等地较近，拥有让农产品"出村进城"的区位优

势。安吉白茶建设之初便锚定中高端市场,为品牌溢价和农民增收夯实基础,提高了农户参与产业生产的积极性。

早在 1998 年,安吉县便成立了白茶协会。2012 年,安吉县又成立了安吉县白茶产业发展办公室,从产业规划、金融扶持、品牌建设、整合营销等方面进行战略规划。2020 年以来,安吉县通过强化平台载体,创新农业订单模式,不断提升白茶产销专业化、规模化和集约化水平,真正实现一条龙、全过程、一贯制的管理模式。同时,通过技术培训、生产指导等多种手段联动农户力量,实现标准化生产,确保茶产品的品质稳定。总体来看,无论是哪一价格层次的白茶,都能让消费者获得良好的消费体验。

(二)好茶也需活水:协同共建,助力茶香溢千里

四十多年来,安吉白茶以"野蛮生长"之姿开创了"花团锦簇"之态,茶农、茶企以自主性击响了品牌建设的战鼓。自 20 世纪 80 年代于大溪村发现一株千年的"中国白茶祖"后,安吉县掀起了白茶种植的热潮。机械制造厂商如雨后春笋般涌现,并采取联农惠农的策略,以"先出机器后收钱"的机器售卖模式为茶农、茶企在白茶领域施展拳脚提供帮助。2020 年,当地金融机构推出"白茶贷"等普惠金融服务,利息低、无须担保、无须抵押;保险公司推出采茶工意外险,白茶干旱、低温保险等产品服务,为茶企、茶农降低经营风险。

安吉县举一县之力培养一片叶子,茶农、茶企在生产经营中以差异化布局,形成了大型企业、中型企业与零散商户联动的正金字塔形格局。在金字塔顶端的是大型企业,被寄予"提高白茶知名度,优化品牌形象"的厚望。在实践中,他们确实通过提高产品品质、开展电商直播等方式占领了高端市场。在金字塔腰部的中型企业则承担起了"拓展市场"的责任,他们积极推动安吉白茶走出安吉,通过与省内外多家渠道商开展合作,助力安吉白茶走向全国。在金字塔底部的零散商户则定位于"保供给",在每年白茶季,通过集中售卖、市场批发等形式,为外来提货商提供"厂家直销"产品。正金字塔形的经营格局,支撑了安吉白茶的供给体系,有利于品牌形象建设与市场拓展。

（三）好茶还看茶艺：转型升级，助推品牌可持续发展

多年来，安吉白茶采用了"母子品牌"发展策略，母品牌用来树立品牌形象，子品牌用于明晰主体责任，对于没有独立品牌的中小茶农，引导其加入合作社，统一使用合作社商标。截至2023年1月，安吉县已注册茶叶类商标2455件，其中行政认定驰名商标1件，国际注册商标37件。"安吉白茶"母品牌声名远扬，可以为其子品牌打开市场；子品牌则通过对产品进行个性化包装或定位，向消费者提供新的品牌体验，进一步丰富消费者对母品牌的感知价值。同时，"母子品牌"发展策略为安吉白茶的发展提供了更多可能性，帮助安吉白茶突破瓶颈，另辟赛道，使其茶叶市场覆盖率再上一个新高度。

只有搭乘农业产业数字化列车，才能行稳致远。2021年，安吉县以笔架山农业高新技术产业园区为载体，打造安吉白茶全产业链大数据中心，将17万亩原产地安吉白茶纳入统一管理。同年，安吉启用"浙农码"，消费者只要用手机扫描茶叶包装上的"浙农码"，即可获取安吉白茶产品的详细信息，迅速识别原产地，实现品牌和展示信息的可控管理。此外，安吉县还推出了"白茶产业大脑"服务端应用，打造茶产业一张图、肥药两制一本账、数据服务一朵云、监管提质"浙农码"、智慧茶园一体化五大场景。数字化助力安吉白茶产业降低成本，提高精准化管理水平，用科技点亮农业产业新前景。

二、"浙茶"出彩，有计可施

与昔日对比，安吉白茶产业现阶段的发展已呈"破茧成蝶"之态。"出圈"固然让人拍手叫好，但"出彩"才是品牌"长寿"的秘诀。必须紧紧围绕"乡村振兴"与"共同富裕"这两个主题发力，守正创新，砥砺奋发，将安吉白茶发展成为"百亿产业、百年品牌"。

（一）"格局"打开，以融合之举丰富产业生态

打破品牌发展的平面化思维定式，安吉白茶要从产业延伸上打通"绿水青山"与"金山银山"的转化通道，用"一片叶子"带动"一个安吉"的发展。

以融合化为手段，提升价值链，做大产业经济。根据优势原则整合区域内产品结构与产业技术，取长补短进行产业补位，形成"茶旅+"产业模式。

首先，通过"茶旅+康养"等模式鼓励第三方以整合资源、定期租赁等方式开发茶山资源，号召农户、农企以茶山入股或是收取租赁费用等方式建设绿海景观台，提供游憩、疗养地点，形成生态养生小镇产业体系。

其次，通过"茶旅+研学"等项目丰富顾客感知，游客以"自采自买"等方式体验"锄禾日当午，汗滴禾下土"的稼穑生活，在农业劳作中感受白茶文化。

最后，挖掘千年白茶祖等民间故事，建设一个"内外兼修"的区域品牌。

（二）集零为整，以协同之心共谋致富大计

积极构建产业生态链式网络，畅通多主体响应机制，通过大企带小企、小企带散户的方式实现订单协作，激活零售网络，提高小农散户的生产经营积极性。

一方面，要培育好关键节点企业，发挥其主体带动作用，以产业综合体的形式实现点对点、链通链，畅通上下游的协作渠道，推动资源的共建共享；另一方面，通过搭建"白茶e端"等线上集散平台，汇集企业、基地与农户的数据，畅通"企业+基地+农户"模式中的信息流通渠道。同时，筑牢"县、镇、村"三级神经网络，优化资源配置，以连片发展等形式带动弱势地区的产业建设。

三、结语

"茶机一响，黄金万两。"安吉白茶的区域公用品牌的建设激发了乡村振兴与共同富裕建设的内生动力，让人们看到了地方产业振兴的力量，以实践经验给推进共同富裕建设的时代答卷添上了浓墨重彩的一笔。

执笔人：刘思雨、何黎俐

指导教师：杜艳艳

赏花，火热了些什么？

都说杭城的春天短，你不抓住她，她就溜走了，但只要她一来，便携众花回归。傲立枝头的梅花、金黄璀璨的油菜花、磅礴浪漫的樱花、精致典雅的郁金香等，引起了一波又一波的赏花热潮。

独乐乐不如众乐乐。为留住记忆、分享美好，"良辰美景佳人"式的出游照片和视频，火遍了全网。

线下春花灿烂，线上美照刷屏，人们沉浸式地享受着赏花热潮的美好。而对于赏花热潮的认识，不能止步于此。赏花到底是怎么火热起来的？赏花热的背后是什么？赏花又火热了些什么？

一、积淀：对生态环境建设的持续投入

进入三月以来，春日渐暖，万物新生，全省各地开启赏花模式：超山梅花节、新昌樱花节、仙居牡丹花节、半山桃花节、太子湾郁金香节……党的十八大以来，浙江省在生态环境建设方面积极实践，结出了累累硕果。

2012 年，党的十八大报告首次提出建设"美丽中国"，强调把生态文明建设放在突出位置。自党的十八大召开以来，浙江省在生态文明建设方面下足了功夫，围绕"绿水青山就是金山银山"的发展理念，扎根本土，积极探索与实践。2017 年 6 月，浙江省第十四次党代会做出战略部署，提出"谋划实施'大花园'建设行动纲要"，以衢州市、丽水市为核心区，覆盖整个浙江省，以此共建"诗画浙江"大花园、续写"美丽浙江"新篇章。

可见，赏花热的背后是浙江省对生态环境建设的持续投入。因此，与其说是人们对于赏花无比热衷，不如说是浙江省在环境建设方面的实践成

果得到了人们的肯定。

二、复苏：经济社会迎来新活力

美丽中国、美丽浙江的建设并非仅停留在环境美化层面，环境的美化也能够对社会经济产生积极影响。但凡赏花热潮所波及之处，皆存在着可点燃的消费活力。

"赏花热潮"点燃了人们出游的热情。为了迎接纷至沓来的游客，各旅游景区纷纷推出"赏花"周边活动，音乐节、美食节、露营、市集等，为游客在赏花之余提供了更多有趣的游玩选择。

2023 年 2 月 18 日，第十八届中国梅花蜡梅展览会在湖州长兴拉开序幕，新签约长兴林城田园综合体等项目 2 个，投资金额达 30 亿元；余杭瓶窑樱花园平日人流量已破 1000 人次，周末达到 8000 至 10000 人次；诸暨东白湖镇万亩油菜花竞相开放，吸引市内外上万游客前来打卡，油菜花作为当地的"致富花"，每年可生产"双低"菜籽油 550 吨，带动周边 420 余户农户户均增收 2000 余元……可见，各地"花经济"在推动传统农业转型发展的同时，也为乡村旅游业迅速回暖带来新机遇。

以花为媒，乘着春日的这阵东风，花香将飘得更远，浙江的经济也将更有花样！

三、展望：描摹美好生活图景

春天本身就是一个美好的季节，赏花的热潮更是进一步激发了人们对未来美好生活的期许。

"这是人间绝色吗？""瞬间被治愈了！""可谓踏万家灯火而来，携十里樱花而归啊！"出游的人们和春花撞了个满怀，创意的火花被绚烂的花朵激发，各种与花相关的美图、视频火遍全网。"玉兰花开了，我便到了真江南""绝美赏花攻略""春日赏花拍照姿势，赶快冲"等出游路线攻略、拍照姿势安利、朋友圈文案等被网友们收藏、转发。线下感受春日的美好，线上互相分享美好心情，人们被花感染，对生活的热情被点燃，借爱花之情描摹着理想生活图景。

"不用去了，人太多，看视频就好"——人流量巨大是这场赏花盛宴美中不足的地方。为此，相关管理部门积极应对，监测景区人流并适时出台相关管理措施，或限制人流，或通过特色公共交通服务来引导人流，以保障游客的安全和赏花体验，化人民对美好生活的向往为社会良性发展的助推剂。

大道至简，实干为要。生态环境建设是民心工程、德政工程。对"全心全意为人民服务"这一观念的积极践行，正是浙江省生态环境建设取得实际成果的根本原因。

党的十八大以来，浙江省对生态环境建设的持续投入，为社会经济发展奠定了坚实的基础。借着赏花热潮，人们纷纷开始描摹美好生活图景，想必，这是对这一实践成果最好、最真切的肯定。

执笔人：董力羽

指导教师：邵　鹏

这个"瓜"包大，包甜！

2023 年是"八八战略"实施二十周年。随着浙江省不断打开放牌、走开放路，"地瓜经济"一词又重新出现在大众的视野当中，引起人们的关注。

一、了不得的"地瓜"：牵一发而动全"省"

在浙江工作期间，习近平同志十分重视浙江对外经济的发展，提出著名的"地瓜理论"：地瓜的藤蔓向四面八方延伸，为的是汲取更多的阳光、雨露和养分，但它的块茎始终是在根基部，藤蔓的延伸扩张最终为的是块茎能长得更加粗壮硕大。浙江经济的成长秘诀与地瓜的生长规律极为相似，"土壤"是总体营商环境，"块茎"是企业主体实力，"藤蔓"则是外部竞争优势。

义乌以"鸡毛换糖"联通"一带一路"，拨浪鼓摇出新世界，宁波、舟山融合强港基因，长三角再蓄山海资源。浙江从"无"到"有"，从资源小省走向经济大省，除了政策大力支持，还离不开每一代浙商的敢拼、敢闯精神。埋头深耕，土壤滋养块茎，培土拔节，藤蔓延伸扩展，最终才能瓜熟蒂落。自浙江"新春第一会"以来，浙商的热情不断高涨，在充满新希望与新动力的 2023 年，"地瓜经济"厚积薄发，实现提能升级。

二、站在浙江，"浙"里独有丰沃土壤

深耕浙江土壤，地瓜才能藤长根壮，善用现有优势，经济才能蒸蒸日上。

又是一年枝绿时，衢州江山的养蜂人开始了新一轮的繁忙。立足本土的养蜂产业不断壮大，带动本地经济发展，便是充分利用当地植被资源与人力优势的结果。靠山吃山的养蜂人，因地制宜发展特色产业，形成独有且高效的生产线，年产总值可达 15 亿元。

在浙江，越来越多的高质量"瓜苗"扎根"浙"土，众多企业正不断借智借力，进一步激活浙江智慧，探索浙江模式，为全国发展先行探路。

作为全国数字经济第一城，杭州在新发展阶段持续强调"总部经济"。"留住总部、培育总部"意味着扎根杭州、孕育动能，"地瓜"内外结合，不断进行"光合作用"，源于浙江，根在浙江。根部的长势越好，地瓜藤才能覆盖更广，使更多地区受益。杭州构建全国一流总部经济中心，充分彰显本地特色，坚持培育本土创新型人才，使小企业成长为大企业，推动国内外贸易蓬勃发展。与此同时，杭州落实"杭商回家"计划，吸引高质量人才回归本土、建设发展总部企业群，再次翻新了"浙"里的丰沃土壤。

厚植当地土壤，悉心培植"地瓜"，只有在本土的给养与滋润之下，藤蔓才有不断延伸扩张的可能，从而为经济赋能，苗壮成长、开枝散叶。

三、跳出浙江，"浙"人勇立时代潮头

土壤厚，则能固本培根，藤蔓长，则可兴旺发达。在深耕土壤的基础上，地瓜藤还需向外扩展，不断汲取外部的阳光、水分和营养，哺育块茎更加粗壮硕大。当经济开放的时代浪潮席卷而来，许多浙商面临机遇和挑战，如何打造新型国内外贸易模式，成了首先需要思考的问题。如今，全球经贸规则发生了极大的调整与改变，外部环境愈加复杂，对于众多企业来说，面对产业升级的需求和资源环境的制约与压力，亟须"跳出浙江发展浙江"，寻找新思路，开拓新空间。

近年来，浙江桐乡从农业县逐步转变为工业市，众多浙商发挥了举足轻重的作用。桐乡一众企业坚持"走出去"，加速全球化布局成了他们的共同选择。浙商企业远赴刚果（金）、印尼等地，以"境外工厂"解决矿场稀缺的问题；乘着"一带一路"的东风，与共建国家共商共建，共享发展成

果;着力提升竞争优势,开拓更加广阔的海外市场。

改革开放初期,许多人有各种担心。然而,要正确认识"浙江经济"与"浙江人经济"的关系,在根植本土的基础上,鼓励开放经济,反哺家乡,才能处理好GDP(国内生产总值)和GNP(国民生产总值)的关系,"走出去"是为了更好地"走回来"。浙江人远赴欧洲"招商",向欧洲外资企业宣传浙江优势,在促进对外贸易发展的同时,增强了跨国公司落户浙江的信心。由此可见,开放经济始终是赢得优势、赢得主动、赢得当下与未来的法宝。

用好"地瓜之藤",才能在国内外市场中推动经济航船破浪前行;把握风口之势,才能在高质量环境中助力产业新苗茁壮成长。

四、发展浙江,"浙"边共赏无限风光

善谋者胜,远谋者兴,浙江以敢为人先的勇气、积极进取的锐气、千帆竞发的朝气,实现沧桑巨变。推动长三角一体化高质量发展对于浙江来说又是一次发展机遇,为进一步发挥长三角地区的联动作用提供了指引。2003年,习近平同志在浙江工作期间提出并实施"八八战略",强调要进一步发挥浙江的区位优势,主动接轨上海、积极参与长江三角洲地区交流与合作,不断提高对内对外开放水平。一些站在科技创新风口上的浙商,认为长三角就像浙企的孵化器,能更好地推动浙江企业在国内外"冲浪",是浙江的"地瓜藤"上一个极为重要的节点,以自身的辐射力量,持续为浙江经济输送养分。

守正是根本,创新更加分。只有善于谋划,才能掀起发展巨浪。越来越多的企业将上海视作吸引人、财、物、技的主要阵地,借助平台优势实现了产业的"二次生长"。如今,在沪的浙商人数高达60万,以上海为基点,浙江从多元发展进一步迈向高质量发展。历史的风光气象万千,未来更应用好"蓝海市场的孵化器",勇敢冲浪。

"地瓜经济"指明了"跳出浙江发展浙江"的方向和路径。种好每一个"地瓜",做优"土壤"、做强"块茎"、做长"藤蔓",依旧是推进开放升级、

巩固双循环经济格局的扎实举措。早播种便能早收获，早谋划便有早成就，踏实前行，久久为功，发展才能具有韧性，向稳而行。

"腾笼换鸟"需要更为强劲的实力，"凤凰涅槃"依靠更为坚实的脊梁。在放眼更加广阔的天空之前，我们还需真抓实干，打造"地瓜"群落，让"地瓜经济"开在春天里，从而擘画出浙江独特而绚丽的蓝图。

执笔人：陶　叶

指导教师：张李锐

老字号品牌的新生路

2023 年中国品牌日活动在上海举办,以"中国品牌,世界共享;品牌新力量,品质新生活"为主题的品牌日活动受到人们的广泛关注。

设立中国品牌日的初衷是鼓励媒体宣传中国品牌、讲述中国品牌的故事。由此,打造中国知名自主品牌的重要性可见一斑。众多完全由中国自主开发的、具有悠久发展历史的老字号品牌,带着跨界新品在品牌展上亮相。这对于经历坎坷的老字号品牌来说,无疑是焕发生命力的新起点。

近年来,老字号品牌因其发展困境频频冲上热搜,通过这种另类的方式逐渐走进人们的视野,引发了人们对老字号品牌的关注。品牌遇到发展困境是常事,但在许多老字号品牌停滞不前,甚至销声匿迹的情况下,人们不禁思考:在品牌没落的背后,存在着哪些共同的原因?

一、老字号品牌的发展困境

第一,产品质量滑坡,失去消费者的信任。有着近百年历史的南京冠生园,自 2001 年因食品安全问题被央视曝光后,品牌发展迅速走向下坡路。消费者的信任是品牌发展的根基,筑牢根基需要品牌几十年的不懈努力,但一份不合格产品,就可以让品牌在短时间内失去消费者的信任。

第二,过度依赖品牌效应,企业内部发展惰性蔓延。强大的品牌效应带来广泛关注之后,企业盲目选择依赖品牌效应攫取利润,接连开出大量分店,但忽略了产品的创新与发展。

第三,企业内部趋于浮躁,沉淀下来打造品牌的成为少数。企业经营者陷于溢美之词,一味追求短期利润和扩张速度。这种方式虽然在短期内可以取得一定的效果，但在无形中阻断了企业未来的发展之路。

第四，品牌发展模式落后，逐渐脱离时代。企业经营者应掌握对品牌的操控权，不能"躺平"等待，否则随时可能被时代抛弃。一成不变的产品外形及功能已经不能满足当前人们的需求，老一套"坐店经营，等客上门"的经营思想也已经落后于时代。随着产品逐渐被市场抛弃，品牌也会一步步走向衰亡。

第五，老字号品牌经历多次改革，改革带来的问题显现。来自商务部的数据显示，在中华老字号品牌中，国有独资或控股企业约占18%。老字号品牌经历了由公私合营转变成国有企业的过程，之后又经历了国企改革。守旧的老字号品牌在多次体制转变中存在着改革不彻底、被动改制等问题。部分老字号品牌仍然没有适应社会主义市场经济，存在观念守旧、人员老化等问题，影响企业发展的活力。

此外，企业内部的改革也存在一定的问题。为进行改革创新，企业招募了大量年轻人进行品牌经营。虽适应了时代，但忽略了老字号品牌的价值——传承传统工艺与文化。

老字号品牌需要克服的，不仅是企业内部的发展惰性、随时代发展潮流而转型的困难，还有各种外界因素的影响。各种"山寨"乱象、侵权行为分散了企业的精力，企业维权的过程也在无形中拖慢了企业发展的脚步。

二、老字号品牌"复活"的现实意义

老字号品牌，对城市，甚至国家，都是一笔巨大的精神文化财富。

第一，老字号品牌的"复活"，可以作为成功运用创新重新焕发生机活力的典例，给处于危机中的企业以脱离险境的信心，给他们带来希望，给他们提供发展方向上的指引。

第二，老字号品牌诠释企业精神。老字号品牌之所以能延续几十年甚至上百年，不仅是因为其优良的产品品质、精湛的技艺，更是因为其流传百年的经营理念。诚信经营是企业的立足之本、发展之基。老字号品牌就是对"诚信经营"最好的诠释。老字号品牌在"复活"之后，将成为带领整个市场不断走向实现"诚信经营"目标的"领头羊"。

第三，老字号品牌承载中华优秀传统文化走向世界。老字号品牌的百年发展历程，也是文化积淀的过程。"一块老招牌就是一段传奇"，老字号品牌所蕴含的中华优秀传统文化和深厚的文化底蕴，具有不可估量的价值。"历史文化是城市的灵魂"，在新媒体的助力下，老字号品牌作为传统文化的载体，正逐渐突破地域限制，走向全国，走向世界。

三、拯救老字号品牌的现实路径——老字号品牌的新生路

第一，给予老字号品牌有力的保护与支持。对于侵权行为，如果仅靠企业自己的力量来处理，必定会分散企业的精力，阻碍企业的发展，因此，给予老字号品牌有力的保护与支持是十分必要的。建立完善的制度体系，加大监管力度，打击侵权行为，为老字号品牌的发展提供有序、和谐的商业环境，保证老字号品牌不被侵权、山寨等"乱石"挡住发展之路。

对老字号品牌来说，技术和人才是不可或缺的重要因素。在当今时代背景下，致力于学习、传承手工艺的人才匮乏，老字号品牌的发展动力也因此逐渐减弱。因此，政府为老字号品牌提供人才、技术、税收等方面的支持将成为老字号品牌重新开辟发展之路的重要动力来源。

第二，积极进行品牌延伸。品牌的延伸是多维度的，老字号品牌需要根据时代的要求不断调整品牌定位。具体而言，一方面，老字号品牌需要根据品牌目标人群的变化调整品牌定位。当前，年轻人成为消费主力，对于消费群体主要为老一辈人的老字号品牌来说，将目标人群向年轻群体扩展是一个理想的选择。五芳斋就是一个成功的典例。其通过创新粽子的馅料、推出系列联名礼盒等方式，抓住年轻人"猎奇"的心理，销售额轻松破亿。另一方面，老字号品牌应当赋予"老字号"以新的时代内涵。随着消费者需求层次的提高以及需求的多样化发展，连接了过去与现在的老字号品牌应当及时作出回应。例如面对年轻消费者的多样化需求，张小泉不拘于原有的刀具产品，不断扩张相关品类，上架了筷子、菜板、指甲刀等产品。

第三，开辟新渠道，打开新市场。在电商迅速崛起、新媒体运营盛行

的时代，利用新技术提升品牌知名度不失为一种高效的宣传方式。老字号品牌和电商平台合作，不仅能顺利进入年轻人的视野，还能打破地域壁垒，走向更广阔的市场。例如2021年"618"期间，天猫首次为老字号品牌设置专属会场，整体成交额突破10亿元，带火了老字号品牌。

第四，顺应时代，赋予老字号品牌新生命。北京故宫博物院为了"让故宫文化遗产资源活起来"，用一组名为"雍正：感觉自己萌萌哒"的动态图片，颠覆君王的严肃形象，让"卖萌"的君王形象深入人心；精心打造《我在故宫修文物》《国家宝藏》等纪录片，让沉睡在博物馆的文物打破时代的壁垒，在当代焕发生机活力。老字号品牌当然可以借鉴北京故宫博物院将中国传统元素与新潮元素融合的创新模式，赋予品牌及产品新的时代内涵，让老字号品牌不是只留存在老一辈人的心中，而是以崭新的面貌出现在大众视野里，重现生机活力。

创新，意味着走出品牌发展的舒适区，对老字号品牌来说必定是艰难的一步。抓住机遇，选择创新，就是选择走向新生。

执笔人：金胡加

指导教师：李　芸

"浙茶"如何"圈粉"青年？

2023年5月20日至24日，由农业农村部和浙江省人民政府共同主办的第五届中国国际茶叶博览会在杭州国际博览中心举办。值得关注的是，本次茶博会首次设立新青年新茶饮展区，展区内集合茶咖、茶文创、冷泡茶、中式茶饮等产品供年轻人品鉴和体验，以满足年轻人对茶消费的需求。随着时代发展，喝茶不再是中老年人的专属标签，许多年轻人纷纷加入喝茶、品茶的队伍当中。在世界茶叶消费结构调整升级的背景下，喝茶群体的年轻化将会给浙江茶叶产业的发展带来怎样的机遇呢？

一、且将新火试新茶："浙茶"产品与年轻人的"双向奔赴"

（一）引领茶消费新时尚，"浙茶"可谓走在前列

作为茶的另外一种存在形式，抹茶已经成为年轻人日常生活当中的"常客"：从抹茶奶茶、抹茶冰激凌到抹茶巧克力、抹茶蛋糕，抹茶在不知不觉间受到了年轻人的热捧。2022年，浙江的抹茶产品产量超过3700吨，产值达4.2亿元，浙江成为全球最大的抹茶产地。一系列抹茶食品店在街头巷尾、农家旅舍之间纷纷开设，吸引无数年轻人慕名前来打卡。与此同时，浙式袋装茶也成为年轻群体追捧的对象，玫瑰红茶、蜜桃乌龙、茉莉绿茶等多类型拼配袋装茶成为年轻人的"宠儿"。相关"浙茶"品牌瞄准年轻人逐渐成为茶叶消费主力军的新风向，不断推陈出新，呼应年轻消费群体诉求，推出火爆全网的杭州亚运会抹茶新品，引领茶消费新潮流。

（二）"品质+科技"，是"浙茶"年轻化的成功密码

茶叶的品质，是各类茶叶消费群体都会关注的重点。品质上乘的名优茶，不仅是千万茶客的向往，也是"浙茶"吸引年轻消费群体的基础。在名优茶的生产上，"浙"里"有底气"。2022年，浙江茶园总面积为310.5万亩，总产量为19.4万吨，总产值为264亿元。其中名优茶产量占全省的55%，产值占90%，名优茶产值比重居全国之首。如果说品质极佳的"浙茶"是吸引年轻消费群体的基础，那么科技则在"浙茶"与年轻化的消费群体之间搭建起了沟通的桥梁。科技不仅能够在茶种培育、茶叶种植、茶叶采摘等过程中发挥作用，还能够为茶产品的设计与生产提供保障。近年来，浙江省各茶叶品牌生产商加快科技创新，不断开发出适合年轻消费群体的新茶饮、茶食品等。"品质+科技"成为"浙茶"在面对消费群体年轻化时的新方案，富有科技感的高品质茶产品也成为浙江茶产业新的利润增长点。

（三）喝茶，是年轻群体的新选择

中国茶叶流通协会发布的《2022年中国茶叶产销形势报告》指出，从消费人群看，年轻消费群体已逐渐成为市场主力。随着年龄、消费习惯、社会环境的变化，"80后""90后"甚至"00后"对茶的接受度持续走高。为什么越来越多的年轻人开始喜欢喝茶了？传统茶文化的吸引、健康养生理念的普及固然是重要原因，但追根溯源则是年轻人在快节奏的社会生活中，尝试通过喝茶的方式来追寻更高品质的慢生活，是对自身生活状态的新选择。正所谓"偷得浮生半日闲"，品茗所带来的松弛感与体验感，成为年轻人的向往。对年轻人来说，与其说是喝茶，不如说是享受慢节奏的生活。与传统的品茶方式不同，年轻人在喝茶过程中更注重便捷与体验，这也为浙江茶产业的发展指明了方向。

二、"浙茶+N"：新一轮茶消费热潮下的产业升级

随着中国国际茶叶博览会在全球范围内的热度不断提升，浙江茶产业也日益受到各类消费群体的密切关注，在消费群体年轻化、消费需求多元

化的背景下，"浙茶"如何实现"出圈"？

（一）"浙茶＋电商"：厚植"浙"里电商优势，开辟"浙茶"销售新渠道

在新一轮茶消费热潮来临之际，电商平台可以与茶企进行更为紧密的合作，为"浙茶"提供线上销售平台。在直播间，品牌方可以通过茶文化分享、茶叶品鉴等新形式的内容留住消费者，让热衷于线上购物的年轻人从感兴趣到付费购买，从文化欣赏到产品欣赏，最终实现茶叶产品销量的提升，为浙江茶产业提供更多的品牌价值。对于身处茶山之中的茶农来说，线上销售渠道可以让他们仅凭一部手机、一台电脑就能将家乡茶叶推广到全国，实现增收致富梦想。这也带动了新一代农民的现代化和数字化，为乡村振兴贡献力量。

（二）"浙茶＋文化"：发挥茶文化引导茶消费的重要功能

随着我国社会主义文化强国建设的持续推进，全民对于文化产品的关注度日益提高，消费群体特别是年轻人对于茶文化的关注逐渐成为重点。数千年的种茶史、制茶史、饮茶史，使浙江形成了独特的茶文化。加快推动浙江茶产业的调整升级，不仅要持续深入挖掘"浙茶"深厚的文化底蕴，以茶文化之笔书写浙江茶产业新的精彩，还需要各方推动茶文化创意产业的发展，加快培育相关的茶文创设计制作人才，体现茶作为文化产品载体的作用，特别是要在茶艺、茶俗等年轻人所关注的方面下功夫，着力打造"美学＋""文化＋"的茶文化产品与服务，进而营造更浓厚的茶消费氛围。

（三）"浙茶＋生活"：我们不是卖茶人，我们只是慢生活的倡导者

在快节奏的社会生活背景下，对于喝茶这件事，年轻人不仅在意味道，还在意对慢生活的体验。对此，"浙茶"品牌应积极推动茶产品体验化升级，既可以努力通过"浙茶"产品向年轻人传达慢节奏的生活理念，也可以针对年轻人建设具有生活体验功能的茶楼、茶馆，还可以与浙江省内茶叶产地一同打造具有生活体验特色的小众精品茶叶旅游线路。在此过程中，"浙茶"企业也应努力做到茶产品与年轻人消费习惯的同频共振，即在茶叶产品的形态、包装、规格或者冲泡方式上做出改变，实现颜值、口感与便捷度的多重优化；设计出一些符合年轻人审美、精巧实用的茶具；在茶叶慢生活体验服务建设上，需考虑年轻人的需求，力求为年轻人提供更加丰富的消费场景。

三、茶叶产业升级，"浙"几张底牌不能丢

2023 年 5 月 10 日，浙江省委书记易炼红在中国农业科学院茶叶研究所调研时指出，要统筹推进茶科技创新、茶产业发展、茶文化弘扬，在茶叶科研领域取得更多突破性成果。在消费群体年轻化的背景下，茶品牌、茶科技、茶文化不仅是浙江茶产业的特色与优势，也是浙江茶产业发展的底牌。

（一）坚持质量为先，用"浙"缕茶香赢得消费者的青睐

世界茶乡看浙江，浙江名优茶在消费者群体当中有口皆碑，但近些年少数不法商家轻视消费者权益，导致以次充好、虚报产地、过度包装等情况屡屡发生，严重损害了"浙茶"品牌的信誉。年轻的消费者往往比他们的长辈更加理性精明，尼尔森调查显示，"90 后""00 后"有他们自己的消费意识，消费前会先看评论，也更看重商家的商业道德。为了避免让质量原因侵扰"浙"缕茶香，需要各方共同努力：茶企在生产过程中严控产品质量，提升标准化水平，探索建立茶叶产、供、销一体化的"浙茶利益共同体"；监管部门要加大监管执法力度，对于欺骗消费者的违法行为发现一起，查处一起。

（二）做好科技之功，用科技支撑产业发展

浙江茶叶产品的好品质，源于环境，成于技术，富有科技内涵的茶叶产品也更容易被年轻人接受和购买。浙江拥有中国农业科学院茶叶研究所等高水平的科研机构，在茶叶科研方面拥有得天独厚的优势。在茶产业消费升级的背景下，要加大对"浙茶"的科技创新投入、加强茶产业"产学研"结合，促进科研成果落地转化，为茶树品种、茶园建设、茶叶加工、

茶产品创新等注入科技的力量。同时要积极培育茶科技年轻化人才,推动茶叶科研人员、茶叶品牌方、茶叶消费者三方建立有效连接,了解茶叶产品的消费需求与生产情况,切实发挥科技人才的作用。

(三)发挥文化优势,用"浙"里好茶讲好"浙"里故事

在浙江这片被茶文化浸润已久的土地上,诞生过无数与茶叶有关的故事。从"茶圣"陆羽隐居在杼山妙喜寺之中作《茶经》,到西湖龙井、安吉白茶、长兴紫笋等知名"浙茶"制茶技艺的非遗传承,再到小小茶叶变身"黄金叶",助力"浙"里茶农致富、乡村振兴。"浙"里拥有丰厚的茶文化资源,需要运用丰富的传播形式,融入"浙茶"的内在世界,感受"浙茶"的历史文脉,把握"浙茶"的当代律动。讲好"浙"里的茶故事,可以让年轻人逐步接受"浙"里的茶文化,进而认可"浙"里的茶产品。在"浙茶"产品开拓海外市场的过程中,也需要用"浙"里的茶故事传播中国文化,讲述中国故事,来助力"浙茶"产品的扬帆出海。

四、结语

"一片叶子,成就了一个产业,富裕了一方百姓。"20年前,习近平同志在浙江工作期间对茶产业的经典论述至今仍在耳边回响。这20年,浙江茶产业实现了从大而不强、产品单一、良莠不齐到产量产值、品牌建设、科技发展等方面领先全国的华丽蜕变。如今,乘着新一轮茶消费调整升级的东风,"浙茶"品牌应坚持以茶文化、茶产业、茶科技"三茶"统筹发展理念,积极拥抱年轻人,勇拓海外市场,让"浙茶"产品更具"年轻化""国际范",实现浙江茶产业的新发展!

执笔人:朱　贺

指导教师:邵　鹏

特种兵式旅游

2023 年的"五一"假期，全国各大热门景区迎来了客流高峰。据中国旅游研究院（文化和旅游部数据中心）的测算，全国国内旅游出游合计 2.74 亿人次，同比增长 70.83%，实现国内旅游收入 1480.56 亿元。其中，浙江省在"五一"期间累计接待游客 3125 万人次，实现旅游收入 369.7 亿元，同比增长 71% 和 122.6%，较 2019 年增长 6.5% 和 3.8%。

值得注意的是，"特种兵式旅游"在这个"五一"假期尤其受到关注。所谓"特种兵式旅游"，即利用尽可能少的时间和金钱，游览尽可能多的景点。

其实早在"五一"假期之前，"特种兵式旅游"的热度就已经居高不下，而"五一"假期无疑成了这种旅游方式爆炸式增长的契机。

一、"特种兵式旅游"何以爆火？

与"特种兵式旅游"相伴的，往往是"报复性旅游"一词。在新冠疫情管控措施调整后，人们游目骋怀的渴望被激发，"报复性旅游"的补偿心理主导了众多年轻人的出行选择。

年轻人的经济基础决定出行方式。普遍而言，大学生以及刚毕业的年轻人预算有限，不足以支撑高额的旅游开支。加上"旅游热"席卷全国，旅行的人数和需求剧增，以及旅游业发展长期的低迷，部分酒店、民宿在"五一"期间存在哄抬住宿价格的行为，加剧了出游者消费的分化。"囊中羞涩"的年轻人，以及其他试图减少旅游开支的群体，都顺理成章地加入了"特种兵"的大部队。

社交媒体助推"特种兵式旅游"爆火。近年来，抖音、小红书等自媒体成为年轻人分享生活的主要平台，"主打一个挑战极限"等标签吸引大学生群体的眼球，"特种兵式旅游"风潮的袭来，激起了年轻人的尝试欲与分享欲。随着"五一"假期前"特种兵式旅游"这一名词的传播，选择在假期加入其中的群体如滚雪球一般越发壮大。

"特种兵式旅游"将穷游转变为风潮，为人们卸下"贫穷"的包袱。传统的假期高消费旅游使得许多人不敢迈出家门游玩，而"特种兵式旅游"为人们提供了新选择。

二、"特种兵式旅游"引发争议

消费限度带来附加影响。有消费者在社交平台上发文称，其和朋友打算在南京某海底捞用餐，却被店员告知"店内有大学生在睡觉，需要等待较长时间"，该消费者遂放弃等待。还有视频显示，安徽黄山核心景区某宾馆出现了游客在大堂滞留过夜的现象。部分滞留酒店大堂的游客表示，他们早已将"睡宾馆大堂"安排进了自己的出行计划中。

"海底捞过夜""睡宾馆大堂"等网友提供的"特种兵式旅游"，因其符合低消费的需求，又颇具趣味性，其实践者并非个例。然而此类事件在网络上激起了不小的波澜：有人对这些行为进行指责，认为这些行为不得体、不文明，也有人称在商家默许的前提下，游客的行为无可厚非。这些游客虽然享受了超出餐馆或宾馆职能的服务，但实质上并没有违规，不应该被视作"过错方"。但应该承认的是，对于低消费群体爆炸式增长的问题，商家没有划清服务范围，更没有相应的应急预案，在应对此类事件上仍有巨大改进空间。

游客安全问题面临挑战。"特种兵式旅游"的附加影响除了由于群体效应给外部造成偶发性难题外，也给游客自身带来潜在风险。假期期间，九名大学生游客由于不熟悉地形，被困在泰山的百米悬崖。此外，突发式暴走引发的膝盖、足底损伤也较为常见。由于该出游方式对消费限度有一定要求，所以游客更容易落入低消费的潜在陷阱。假期期间游客数量激增，不法分子有利可图，加之许多年轻人未经世事，对不法分子的甄别能力有限，游客很有可能面临被诈骗、侵害等风险。而由于旅游人数激增，管控难度大大增加，地方治理难免出现纰漏，其中可能存在的潜在风险既是游客在"特种兵式旅游"过程中不可忽视的部分，也是相关监管部门需要直面的问题。

"数量"与"体验"不可兼得。"特种兵式旅游"的爆火既意味着旅游门槛的降低，也意味着出行人数的井喷式增长。类似的还有淄博烧烤的爆红，其所带动的游客数量的增加超过了当地接客水平的上限，这给游客的体验造成了负面影响。部分景区也面临游客数量突破景区游客承载量的问题，如 2023 年 4 月 30 日中午，南宁市动物园发布公告："游客最大承载量已达上限！建议您择日再来游览。"各地应最大限度保持游客数量不超过合理承载量，提高接客水平，提升游客体验，助力地方旅游业可持续发展。

三、"特种兵式旅游"何以长久？

"五一"期间，"特种兵式旅游"的走红虽然暴露了一些问题，但也意味着旅游业存在比较大的提升空间，需要各方努力，共同促进旅游业的高质量发展。

第一，转变运营思路，推动创新发展。个性化旅游是未来趋势，旅游行业需要根据市场变化进行创新与转型升级，提供更具特色、更加丰富多样的旅游产品。传统旅游目的地虽然拥有较为成熟、稳定的旅游产品，但受限于运营模式和传统体制，往往难以满足现代年轻游客"求新""求异"的需求。在旅游新模式的冲击下，传统旅游目的地不仅需要弥补旅游配套设施方面的不足，还需要创新旅游产品，满足消费者多元化的旅游需求。

第二，旅游业高质量发展，"质"与"量"要并行。各地相关部门除了继续完善旅游基础设施外，还要根据具体问题对商家提出具有针对性的改进提升要求。如对酒店、民宿"大幅涨价，临时毁约"等问题不断加强监管，净化旅游市场。同时，地方旅游业不能简单地迎合游客的"打卡"需求，而要注重旅游体验和旅游质量的提升，加强城市名片的塑造，为当地旅游业发展注入新动能。

　　第三，旅游业复苏不只是客流量的回升。2023年的"五一"假期虽然在客流量方面创下近年新高，但在人均消费方面有所下降。在消费市场的挖掘上，各地旅游业仍有巨大的探索空间。未来，年轻一代仍然是最有消费潜力的群体。供给端激发游客的消费欲望，刺激消费需求，是拉动旅游业内需、提升效益的关键。

执笔人：赖天遥

指导教师：杜艳艳

电商潮起，乡约"浙"里

2023年2月13日，新华社受权发布《中共中央 国务院关于做好2023年全面推进乡村振兴重点工作的意见》，文件明确指出，要立足国情农情，体现中国特色，建设供给保障强、科技装备强、经营体系强、产业韧性强、竞争能力强的农业强国。随着移动互联网的逐渐普及以及电商平台的不断下沉，近年来，国务院发布的《关于促进农村电子商务加快发展的指导意见》等政策文件奠定了发展农村电商的政策基础。在党的十九大提出的乡村振兴战略中，农村电商在便利农民消费的同时带来了新的创收渠道，为农村产业兴旺带来契机，成为农村经济发展的新亮点和经济转型升级的新引擎。

一、千里一线牵：跨界联动助农

2022年4月，某头部主播在短短4个小时的直播中，就销售农产品110多万件，超25万斤，其中新农哥甜糯板栗仁在5分钟的时间内售出近13万袋，绍兴黄酒仅3分钟就售出6万多斤。

农村电商星火燎原，在助力脱贫攻坚和"三农"发展中作用显著。2022年，我国农产品电商超额完成了《2022年数字乡村发展工作要点》中"农产品电商网络零售额突破4300亿元"的目标，达到5313.8亿元。快递进村效果显著，农产品网络零售增速超过农村网络零售，农产品物流体系建设有新亮点，农产品上行能力持续增强，预制菜和即时零售成为新热点。

2023年3月15日，中国食品（农产品）安全电商研究院院长洪涛表示，从宏观来看，我国农产品电商主要呈现出规模化、规范化、标准化、绿色化、数智化、网链化、国际化、创新化、现代化、数字化十大发展趋势。

二、万方力量聚：电商带动农产品销售

（一）万物皆媒时代，人人皆可代言

各方力量都在真正触及农村电商的深层痛点上发力：第三方平台采用"村级站＋县级中心＋支线物流"的农村电商落地模式，服务商打造"园区＋平台＋培训＋体系"的合作模式，自营电商拓展"渠道拓展＋聚合需求＋对接品牌＋集中促销"的交易模式。

电商带货的直播主体也在不断趋向多元化：众多主播稳定发挥，拓宽农产品销路；许多地方的市长、县长化身带货主播为当地农产品"代言"，为直播注入新活力……直播电商企业、平台等社会各界力量加强了合作，在万物皆媒时代，个人和家庭能够通过简单、低门槛的操作，以直播的方式销售农产品。

（二）头部平台加速入局农村电商

直播电商进乡村，所带来的最直观的效益便是迅猛攀升的出货量。各大直播电商平台积极响应号召，通过网络帮扶助力乡村振兴。

消费者倾向产品丰富且优质的平台。调研数据显示，国内消费者在线上购买农产品时，着重考虑平台的商品丰富程度（62.5%）和产品质量（60.5%），对食品安全性（43.0%）和正品保障（37.1%）也比较关注。艾媒咨询的相关报告指出，农产品消费呈升级趋势，消费者倾向于选购高品质、安全有保障的正品农产品，平台须对农产品上行过程严格把关。

1. 中国乡村数字经济先锋案例——抖音

"山货上头条"，抖音助力地标农产品打造品牌，全域兴趣电商带动农产品销量翻番。从2020年起，抖音大力扶持"三农"创作者，支援乡村数字建设，持续推出"新农人计划""富域计划"等平台扶持计划，投入上亿元平台补贴与专项扶持资金，促进地方产业发展。

抖音电商发布的《2022丰收节抖音电商助力乡村发展报告》显示，直

播间里农产品讲解时长达 3195 万小时，一年内共有 28.3 亿单农产品通过抖音电商出村进城、卖向大江南北。抖音电商平台的三农电商达人数量同比增长 252%，农货商家数量同比增长 152%，成为连接品质农产品和全国消费者的重要纽带。

此外，抖音电商还发挥全域兴趣电商的功能，拓展含商城、搜索、店铺橱窗等在内的多个渠道，为各地农产品提供增量市场。

2.优质平台加速入局农村电商——阿里巴巴、京东、拼多多

优质头部平台将在乡村振兴和促进县域、农业农村数字化转型中发挥重要的引领作用。当前，电商巨头们已经形成了较为完善的电商模式，例如阿里巴巴以技术为强项，京东以数字化赋能实体和供应链为强项，而拼多多以前端流量为强项，各有侧重。在"数商兴农"[①]的背景下，电商巨头们纷纷掘金乡村电商市场。

阿里巴巴目前已在全国建立了几十个产地仓、1200 多个菜鸟乡村共同配送中心、1000 个数字农业基地，并推出天猫"正宗原产地"项目，在"数商兴农"政策的支持下，加快了"下乡"步伐。京东以数字化赋能实体和供应链为强项，举办"京东农特产购物节"，投入数亿元助力打造高质量农产品，带动亿万农民扩大销售。拼多多以直播带货助力农村电商产业高质量发展，采用"拼购+产地直发"的模式，设立 100 亿元农业科技专项，连续多年参与中国农民丰收节金秋消费季活动，助力全国优质农产品出村进城。

三、构建电商运营体系：多措并举平风浪

（一）行业标准不断完善，商业监管夯实信心

农产品同质化程度高，目前拥有 QS 认证的农产品企业较少。由于农产品标准化程度不高，很多优质的农产品无法形成规模化生产，缺乏品牌化运营的基础，导致价格波动大，很多时候农产品优质无优价。

---

① "数商兴农"指发展数字商务以振兴农业，打通农产品上行"最初一公里"和工业品下行"最后一公里"。

面对行业存在的问题，2022年3月，浙江省发布《直播电子商务选品和品控管理规范》，对直播带货的选品、品控提出新的要求和规范，为直播电商行业自律和企业规范发展提供指引。相关规范制度的出台，让直播电商行业更加规范化，让消费者、投资者、品牌方对直播电商行业的信任度大大提高。

（二）政策支持，科技助力

在全国乡村经济的发展过程中，信息差会对乡村电商的长远发展产生重要影响。农户需要更多具有时效性的市场信息、更为有力的宣传推广，以及更为多元的营销途径。比如，优质水果基本来源于偏远乡村，但批发商要赚差价，削弱了农产品的价格优势。政府和企业共同发起助农直播，通过技术和资源优势，助力乡村振兴。

财政资金和帮扶资金支持的经营性帮扶项目要健全利益联结机制，带动农民增收。在国家乡村振兴重点帮扶县实施一批补短板促振兴重点项目，深入开展专项行动和搬迁群众就业帮扶专项行动。架起一台手机就能完成一场直播，让乡村农人可以直面市场和消费者，向外界传递农产品信息和地域文化，赋能地方经济。把技术"嫁接"到农村，也有助于巩固脱贫攻坚战成果、提振乡村经济。

（三）提高物流服务水平，培养人才

想要发展现代设施农业，需要加快粮食烘干、农产品产地冷藏、冷链物流设施建设，完善农村物流运输道路建设，健全农产品运输体系，积极构建农业信息化物流配送系统，有效解决农产品在运输、储存等环节遇到的问题，建设县域集采集配中心，推动农村客货邮融合发展，大力发展共同配送、即时零售等新模式，推动冷链物流服务网络向乡村下沉。

人才缺乏也是一大问题。农村电商起步较晚、基础设施不完善、薪资待遇水平不高等因素，导致农村电子商务人才匮乏，电商直播更是缺乏专业性人才。有关部门一方面要以地方本土资源与文化为基础，培养乡村网红进行直播带货，不断创新直播内容，另一方面，需要引导农村年轻人回乡创业，

帮助他们树立直播助农新理念，适应当前消费者的消费习惯。此外，直播助农模式必须提升服务品质，因此，有关单位需要加强对售后服务人员的业务培训，建立规范的服务标准，以便更好地解决售后问题，服务消费者。

四、顺应发展趋势：培育乡村新产业、新业态

2023年中央一号文件提出，深入实施"互联网+"农产品出村进城工程，发展农产品电商直采、定制生产等模式，建设农村电商产业园、农副产品直播电商基地和人才实训基地。

（一）整合产业链以探索多元业务，发展数字商务以振兴农业

未来，农村电商将不断拓展业务范围，从农产品销售拓展到生活服务等多个领域，形成多元化的业务模式。

"数商兴农"的模式多种多样，包括社交电商、直播电商、近场社区电商、短视频电商等新业态。其中，近场社区电商强调"数字化网络体系"的打造，用数字化打通农产品"研—产—供—销—服"全链路。在销售端，近场社区电商通过多维度技术赋能600多万城市社区小店，多角度提振小店经济，对社区小店进行数字化改造，实现以销定产、以销优产以及线下人、货、场的精准匹配。

为了深化落实"数商兴农"，浙江省进行了一系列有益的探索和实践。2021年7月，浙江省成立专家服务团队，围绕"数商兴农"重点任务，拓展服务内容，创新服务举措。2022年12月，在浙江省杭州市举办的首届全球数字贸易博览会以"数字贸易 商通全球"为主题，汇聚了境内外800余家数字贸易头部企业。8万平方米的展区，包含1个综合馆和数字物流、数字品牌、数字内容、数字消费、数字技术、跨境电商6个数字贸易主题展馆，为参观者提供了一场数字视觉盛宴。

在如何挖掘多元直播主体和培养专业化人才这个问题上，地方政府做出了有益探索。例如，通过千人农播、万人农播的系统性培训，培养专业化人才，并且以直播大赛、直播基地、农播培训、农播人才培养等形式带

动地方农播经济发展，创新"助农直播间""元宇宙创新社区""数智交通"等新技术、新服务。农民、企业家、返乡创业青年、退役军人和下岗待就业人群都是网络直播新业态的重要力量。家乡新业态的发展为年轻人提供了就业创业的机会，也有效吸引了大量年轻人回流农村，反哺家乡。

（二）农旅结合，打造特色知名品牌

2019 年的中央一号文件提出，因地制宜发展多样性特色农业，倡导"一村一品""一县一业"，健全特色农产品质量标准体系，强化农产品地理标志和商标保护，创响一批"土字号""乡字号"特色产品品牌。

培育壮大县域富民产业。把"青山绿水"变为"金山银山"需要农村电商与旅游产业的有机结合，从游客的"吃住行游购娱"六大体验出发，借助电商平台大范围整合资源，打造具有地方特色的精品旅游产品，促进旅游业和电商协同发展。例如，让游客通过体验田园生活、亲身参与农作物栽培过程等方式，感受非物质文化遗产的魅力、了解地方民俗、探寻农业品牌背后的人文价值。各地还可以进一步延伸产业链，发展住宿、农家乐等经营项目。

乡村振兴传播计划掀起农产品网络销售热潮。各地因地制宜，依托数字引擎有效推动经济发展。浙江省台州市全市建成"数商兴农共富工坊"示范点 20 个，推出"党建+电商+红人IP"模式，提出"333"标准化建设机制，对接淘宝、京东、拼多多等大型电商平台，引导兴趣电商、社区团购等电商新业态进农村，借助线上平台流量实现地方特色品牌快速裂变增长，打开农产品销路。此外，推动共富工坊布点与电商专业村建设有机结合，形成电商、仓储、物流一体的生态圈，提供产品产、购、销一条龙服务。实施农村品牌培育工程，做大"三门青蟹""路桥枇杷"等IP，以品牌化带动产业化。如此一来，在发展旅游业的同时还能够带动地方基础设施建设，形成可持续发展的良性循环。

执笔人：陈佩钰

指导教师：陈曼姣

乡村要"出圈"，风口在哪里?

近年来，"乡村出圈"已成为一个备受瞩目的话题。无论是西江千户苗寨、西递村、宏村这些每年霸榜的著名村落，还是因焦作云台山、垂云通天河、抚州大觉山而爆火的"黑马"村落，一处处小众乡村正在通过互联网批量"出圈"。

一、不起眼的乡村如何实现"出圈"?

一是乡村"看得见水，记得住乡愁"的独特魅力。

在乡村旅游的热潮中，吸引游客一再"打卡"的，是各地独一无二的极致风光。位于浙江省平湖市的玉泉村沿河道铺展而开，极具江南特色的房屋倒映水中。除了自然风光，体验感也是游客在选择目的地时的重要关注点。玉泉村结合当地村落特色，开发了中草药和蚕桑文化等研学课程，设置了体验馆，集中展示各类中草药，支持游客体验草药采摘等。诸多乡村非物质文化遗产展现了乡村独特的地域文化、人文历史，是展示乡村传统文化的重要窗口，吸引广大城市游客前来"打卡"。

二是乡村旅行和产品需求量的增加。

正如春节热播剧《去有风的地方》所展示的那样，许多人早已厌倦大城市的繁华和喧嚣，有强烈愿望去乡村来一次全身心放松的自由行。乡村旅游，既不囿于特定的行程路线，也不拘泥于特定景点，甚至不需要提前做攻略，任何风景秀丽的乡间田野都能成为扎寨露营的场地，正是平日满负荷工作的现代人的不二之选。同时，随着人民生活水平的提高，人们对健康的重视程度与日俱增。原生态、绿色无污染的农产品深受消费者青睐。

如瑞安市高楼镇民族村收集畲族群众高山古法养殖的生态农家土鸡蛋,经专业认证机构检测后推向市场,受到广泛欢迎。

三是对乡村建设的全方位科学助力。

近年来,国家积极推进乡村振兴战略,鼓励拓展农业多种功能,挖掘乡村多元价值。各地在资金、税收、土地、产权等方面给予支持,为乡村"出圈"提供了政策保障。通过实施"数商兴农"工程推进电子商务进乡村,大力推进数字乡村建设,加强农民数字素养与技能培训,实施高素质农民培育计划。一大批新农人得以涌现,他们整合当地资源,利用通过直播、短视频等带来的线上流量为乡村发展创造商业机会,直播带货、电商产业等开拓了农副产品的销售渠道,推动了农业经济的健康稳定发展。如温岭市结合当地的产业基础,打造了电子商务公共服务中心和乡村振兴公共直播基地,以"连锁式直播孵化中心+标准化主播培训+批量化的代播服务"为核心打造直播电商新模式,实现了开播三小时销售金额近10万的创收目标。

四是紧跟年轻化的时代潮流。

近年来,在抖音、快手等青年人聚集的短视频平台上,乡村短视频焕发出了强大的生命力。乡村短视频通过描绘乡村生活和风景、展现乡村文化和美食等方式展现了乡土生活的美好。正所谓"人间烟火气,最抚凡人心",乡村短视频中人们悠闲、惬意、无忧无虑的生活状态,满足了新一代青年对"田园牧歌式"理想生活的向往。同时,针对年轻游客设计的年轻化旅游产品为乡村文旅发展注入了新的血液。在丽水市遂昌县,当地民宿推出了一系列年轻化产品,如草坪婚礼、星空摄影等,增强视觉冲击力,给予年轻游客美好的体验,满足他们对乡村旅游的期待。游客在感受乡间生活的恬淡与静谧的同时,也获得了现代高品质的住宿和活动体验。

自然的极致风光,加上科技助力,不仅使得原来默默无闻的乡村"出圈",也让更多的乡村青年找到希望和方向,主动回乡创业,助力乡村经济发展,推动乡村振兴。

二、乡村发展面临新的挑战

在实现"出圈"的同时,乡村的变革和发展也面临着新的挑战。

第一,品牌化方面发展明显不足。

乡村信息化程度较低,受传统生产经营观念的影响,大多数农产品生产经营者未意识到品牌建设的重要性及必要性,品牌建设积极性不高,更多重视农产品产量,而忽略品牌建设。农产品品牌营销力度不够、策略不完善,导致许多品牌的影响力仅限于局部地区,农产品影响范围小、市场销量低、国际知名度低、比较优势不足,没有形成线上线下一体化的品牌营销推广体系。

第二,规模化方面也存在较大缺陷。

如乡村短视频账号多以个人经营为主,账号运营人员普遍缺乏成熟的运营经验,盈利模式模糊,变现方式单一,与乡村产业、电商的连接渠道不够畅通,自身"造血"能力不强。同时,当地企业创办者大多是返乡创业青年,缺乏企业经营管理、市场营销等方面的专业知识,制定的企业发展规划不周全,企业呈现出易亏损、生命周期短等特点。

第三,差异化方面存在较大发展空间。

许多乡村盲目跟风,使得特色产业不突出,同质化问题十分严重。如在缺少本地特色的情况下,随意仿造古建筑;拍脑袋建玻璃栈道,最终因为游客审美疲劳、缺乏吸引力而以失败告终;发展第三产业多以开展乡村观光采摘农业、开发花田花海、开办农家乐和民宿为主,同质化程度较高。

三、直面挑战,乘势而上

针对以上种种不足,各地大有可为,应借鉴优良经验,提高自身实力,抓住机遇乘势而上,为乡村振兴赋能。

首先,加强规范管理,助推服务升级。

一方面,要发挥基层党组织的战斗堡垒作用,通过"党组织+"的方式,提升管理的规范性。可以通过设置党员先锋岗、组建红色服务队等方式,组织党员定期进入景区开展志愿活动,引导当地村民、商户诚信经营、热情待客,为游客答疑解惑,帮助解决问题等。另一方面,要加强监督管理,简化游客投诉程序,并建立反馈机制,及时了解处理情况和游客满意度,严防黑导游宰客等恶劣事件的发生。

其次,加强品牌建设,培育品牌主体。

成立以专业人员为主要成员的品牌建设工作推进专班,全面开展农产品商标注册、品牌培育、品牌推介、品牌保护、品牌使用等工作。充分发挥农业龙头企业、农民合作社等新型农业经营主体在品牌建设中的主体作用,引导新型农业经营主体创建优势品牌,稳步推进生产基地创建工作,为农业规模化发展奠定产业基础。

最后,挖掘本地特色,谨防同质化。

发展乡村旅游,要立足本地实际,深入挖掘本地特色资源,特别是红色文化、自然风光、民族文化、历史记忆等具有"符号"特征的资源,充分利用当地文化,打响本地旅游特色品牌,为游客递上特色"亮丽"名片。大胆创新,用有创意的"金点子"突破发展瓶颈,提升乡村旅游硬实力,助力乡村旅游可持续发展。如结合当地的历史和文化,融入现代元素和设计理念,推进乡村文化创新和创意设计,打造独特旅游产品。

四、结语

"乡村出圈"是"脱贫攻坚""乡村振兴战略"成果的体现,各地仍须趁热打铁,提升综合实力,打造出独具特色的"风景",吸引更多"回头客",让乡村实现持续"出圈"。

执笔人:胡　莹
指导教师:杜艳艳

社会篇

"浙"里跑马，风景独好

　　"跑杭马是特别美好的事情。"这是杭州马拉松形象大使、西湖大学校长施一公先生在谈到 2022 年杭马比赛时所说的话，就如很多人谈到杭州马拉松一样，他脑海中想到的第一个词，是"美好"。

　　杭马有多么美好呢？那是 3.5 万人的人潮涌动，互相鼓励又彼此追逐；那是来自五湖四海的跑友大联欢，用自信乐观传递爱与希望；那是充满爱与包容的大家庭，用温暖与关爱守护每一个来到杭城的你。

　　"跑过风景跑过你"，杭马之旅上的每一个跑友，都能在奔跑中一览苏堤春晓、平湖秋月等风景名胜，感受杭州的生态环境美；一睹钱江新城、奥体中心，感受杭州的城市建设科技美；而马拉松的起点和终点分别为黄龙体育中心与奥体中心体育场，两个亚运场馆的串联凸显了杭州的体育人文精神美！

　　放眼浙江，除了杭州，其他城市也都有自己的马拉松比赛，例如桐庐半程马拉松、建德新安江马拉松、衢州马拉松、湖州马拉松等等。每一场马拉松比赛的举办，都在书写着属于自己的那篇关于"美好"的故事，吸引着越来越多的人来到浙江，爱上浙江！

　　那么，浙江究竟有何等魅力得以获得马拉松爱好者的一致好评？

一、山清水秀，处处好风光

　　跑道也是旅游观光道！

　　从风景旖旎的富春江，到汹涌澎湃的钱塘江；从淡妆浓抹总相宜的西湖，到儒韵之风悠荡的书院大桥，人在道上跑，心在景中游，沿途的每一处都是风景。很多时候，人们参加马拉松等大众运动比赛并非为了争名次，只是想借此机会约上三五好友，一起去看看绚烂多彩的自然风光，呼吸下新鲜空气，为自己留下美好回忆。

近年来，浙江一直致力于为广大民众打造诗画江南的自然空间与宜居多元的公共空间，本着"绿水青山就是金山银山"的初心打造一座座风景名城。

在浙江的生态建设大计中，与马拉松比赛直接相关的当数绿道建设。

绿道作为具有观光与骑行功能的自然走廊，一经推出就受到了人们的一致好评，"清晨锻炼""饭后散步""春日郊游"，绿道就像是城市的毛细血管，串联起了浙江各地别具特色的绿色文化空间，是市民游客休闲漫步、接近自然的好去处。

绿道的出现，极大地推动了"全民健身"理念在浙江的推广。无论男女老少，都乐意在茶余饭后踏上浓荫郁郁的小道，纵情山水，拥抱自然。

如果你没空来到马拉松的现场感受上万人一起奔跑的氛围，何不到家附近的绿道，与自然来一次甜蜜的约会呢？

二、全民健身，尽显人文魅力

马拉松比赛在浙江已经有三十多年的历史，在过去的几十年里，浙江马拉松既跑出了自己的名气，也跑出了自己的特色，还跑出了自己的品牌。比如，浙江首创马拉松积分赛，鼓励更多跑友参与不同层次的赛事活动；首创马拉松接力赛，环环接力以增加协作性与趣味性。

除了多种多样的比赛机制，众多的参赛地点选择，浙江"全民健身"的人文氛围也是吸引广大跑马爱好者前来一览"浙"里风光的重要原因。

随着马拉松运动的蓬勃发展，浙江的各类跑团如雨后春笋般涌现。据不完全统计，2020年浙江省各类跑团等社会组织数量达到1048家，全省11个市均成立了跑团等社会组织。

跑步要从娃娃抓起！浙江不仅呼吁广大市民跑起来，更鼓励学校开设中长跑课程，实现"马拉松进校园"，帮助青少年强身健体，使青少年在潜移默化中养成运动健身的良好习惯，为日后成为国之栋梁打下坚实基础！

"让马拉松成为一种生活方式"是浙江一直在追求的目标，爱跑步、爱生活、爱健康，正是这样的生活理念，让浙江在飞快的时代节奏中得以保持自己的节奏。

三、体育经济，赋能强省建设

想要办好马拉松比赛，跑出风格，跑出水平，浙江不仅需要纯净自然的青山绿水做依托，美好有爱的人文关怀做支撑，还需要强有力的体育经济为奔跑路上的你我加油助力！

作为全国健身器材生产经营大省，浙江的健身器材企业数量位居全国第二，很多人熟知的乐刻运动便是诞生于杭州的新兴互联网健身品牌。乐刻主打"互联网思维"赋能运动健身，与数字技术助推健康事业发展的理念不谋而合，它的成功也从侧面表明我国的健身产业正在向智能化、数字化方向转型。

体育小镇和体育产业基地最能直接反映一个地区的体育文化及经济发展情况。近年来，浙江致力于打造特色化体育小镇，营造"体育即生活"的产业建设氛围，并保持体育产业示范基地建设在总量与增量方面全国领先，让体育在产业经济中焕发新的光芒。

除了生产，浙江人在体育健身方面的消费水平也处于领先地位！

2021年，浙江省人均体育消费达到近2700元，不仅政府十分重视体育产业与运动消费，通过发放体育消费券、举办体育旅游活动等方式鼓励全民健身；商家也乐于开发各类新兴的健身产品与服务，现如今，除了跑步、健美操，攀岩、跆拳道、冰雪运动等新兴体育项目也越来越受到人民群众的喜爱；浙江人也乐于为自己的健康与兴趣买单，尤其是浙江的夜经济，有很大一部分是被健身爱好者点亮的。

未来，体育将成为浙江国民经济支柱性产业，现在你我奔跑的每一步，都在为浙江的繁荣之路增光添彩。

四、结语

在浙江，马拉松不仅展示了浙江壮阔美丽的大好河山，也表达了浙江人积极向上的生活态度，更证明了浙江雄厚的经济实力。

马拉松的运动热潮，必将与浙江的经济社会发展同频共振。

活力无限的浙江大地，寄托了马拉松爱好者的昂扬斗志，充盈着浙江人的生活热情，彰显了中国式现代化的和谐美丽。

无论是绿道建设还是全民健身，无论是健康产业还是体育经济，浙江坚持中国式现代化是人与自然和谐共生的现代化，是绿色、健康、幸福的现代化，是物质文明和精神文明相协调的现代化。

未来，无论是领跑马拉松比赛，还是创新某一实践，浙江都将精准、全面、完整地把握中国式现代化的丰富内涵和实践要求，用浙江之窗展现中国式现代化的显著优势与独特魅力。

执笔人：王嘉怡

指导教师：邵　鹏

化"碍"为"爱"，如何让无障碍出行真正通达?

12月3日是国际残疾人日，2022年的主题是"包容性发展的变革性解决方案：创新在促进无障碍和公平世界中的作用"。

我国现有残疾人超8500万，60岁及以上人口超2.6亿，推动无障碍环境建设有现实意义。如何推进无障碍环境建设高质量发展，让无障碍出行真正通达成为现实命题。

一、"杭"行十年，获得"成就感"

"地铁又方便又舒心。"从进站到出站，杭州地铁的爱心接力服务以及无障碍建设让原本开残疾人助力车上下班的冯丽倍感温暖。

家住杭州笕桥街道的冯丽，是一位肢体残疾者。随着4号线后通段、3号线和10号线的开通，冯丽可以选择开电动轮椅坐地铁上下班。

通过对讲机，各个站台的工作人员配合默契。他们帮助冯丽过安检、按垂梯按钮、拎踏板等等，体现了一个城市对特殊人群的善意与尊重。

从2012年开通的贯通南北的1号线，到2022年覆盖杭州十城区的12条地铁线，杭州地铁开通运营已满十周年。

短短十年，杭州地铁取得许多傲人成就，其中最亮眼的便是无障碍环境建设。这是坚持以人为本、尊重和保障人权的重要体现。

考虑到特殊群体的出行需求，杭州地铁不断优化既有运营线路设计，针对具体情况实施整改。从开始配备轮椅到增设斜坡板、修建站外轮椅坡道、开设低位票亭、配备音频环路助听装置……秉持着为民、助民、安民的情怀，杭州地铁一路高歌猛进。

由设计、建设到增加、完善,再到全覆盖,杭州地铁用非凡十年交出无障碍出行的优秀答卷,诠释着开辟未来的重大跨越。

二、无障出行,肩负"使命感"

数据显示,我国现有残疾人总数超 8500 万,60 岁及以上人口超 2.6 亿,加上孕妇、婴幼儿和病患等群体,存在出行障碍的人群规模巨大。

作为衡量一个国家和社会文明的重要标志,最基础的无障碍环境建设就是要实现无障碍设计。

在看到许多可喜成绩的同时,我们也不能忽视现实中依然存在的一些问题,诸如盲道"穿树而过"、站台缺乏语音播报系统导致视障人士无法获取乘车信息、盲文标识因安装方向错误而无法为视障人士提供正确信息等。

这就需要有关部门在进行城市规划和建筑单体设计时,从特殊人群的使用需求出发,配备能够让特殊人群安全、方便使用的设施,努力创造一个使全体公民平等参与社会活动的环境。

此外,相关部门也可以密切关注残疾人的生活动线,对相关的空间和设施进行无障碍改造。

同时企业也可以借助科技提供更为精准、灵活、可持续的服务。例如高德地图在 2022 年 11 月 25 日正式推出了无障碍"轮椅导航"功能,帮助残疾人在出门前规划一条更为精确的无障碍路线,走出了无障碍设施信息数字化的第一步。

值得一提的是,随着数字化的不断普及,无障碍建设的范围从物理空间拓展至网络空间,环境的变化要求与时俱进的措施跟进。

同时,残疾人的残疾类型多样,可细分为视力残疾、听力残疾、言语残疾、肢体残疾、智力残疾、精神残疾,以及多重残疾。

由于不同残疾人对无障碍设施的需求存在差异,所以我们在无障碍环境建设过程中也要更加精细化。

我国有超 1.14 亿人面临"数字生活屏障"。面对无障碍环境建设基数庞大、主体多元、需求多样的现实以及信息社会的不断发展,如何弥合特殊人群在使用新技术时的"数字鸿沟",实现"科技平权",切实考验着各个地方的治理智慧。

我们不仅需要对"硬设施"进行改良扩建,还需要优化"软服务"的细节。例如:手机系统搭载读屏软件,让视障人士"听到"大量的信息;电视节目配备实时字幕,助听障人士"读懂"世界……一系列具有针对性的便民措施要及时出台,满足残疾人的精神需求。

三、法制护航,心怀"归属感"

我国无障碍环境建设从20世纪80年代起步,数十年来,从无到有,从有到优。然而,目前仍旧存在缺乏专门法律、法律规范体系不够完整、检查评估缺失、法律责任弱化等问题。

2022年10月27日,无障碍环境建设法草案提请十三届全国人大常委会第三十七次会议初次审议。2023年6月28日,十四届全国人大常委会第三次会议表决通过无障碍环境建设法。

2022年11月25日,中国残联、司法部联合印发《残疾人尊法学法守法用法专项行动计划(2023—2025年)》,通过启动专项行动,促进残疾人形成办事依法、遇事找法、解决问题用法、化解矛盾靠法的法治观念和行为习惯。

一分部署,九分落实。无障碍环境建设是一项系统工程,需要多方合力推进。

就政府来说,各部门需要统一部署、整合资源,调动社会力量建立可持续发展机制,推动法律、规定、标准、政策的协同配合。

在社会层面,残联等社会组织可与国家建立稳定有序的合作关系,共同构建立体式、多方位的法律助残服务体系,增强残疾人法治宣传教育的可及性、便利性和有效性。

各媒介组织在立法过程中应及时报道进展,宣传立法内容及核心思想,畅通建言渠道,营造全社会帮助残疾人等特殊群体的浓厚氛围,及时为无障碍建设乱象踩下"刹车"。

从个体角度而言,残疾人等各类需求主体应充分参与立法,积极建言献策,切实保障自身合法利益。普通大众也可以与残疾人积极沟通,用关爱化解障碍,在残疾人同意的前提下给予他们帮助。

归属感是一个城市最大的吸引力。2021 年 10 月 1 日起正式施行的《杭州市无障碍环境建设和管理办法》首次明确了"无障碍环境建设是全社会的共同责任",并聚焦特殊群体的信息化需求,将其纳入杭州智慧城市的建设内容。

在白纸黑字的刚性法规下,是写进人心的柔性关怀,彰显了一座城市的文明程度与人文温度。"化'碍'为爱"不再是一个口号,而是杭州对特殊群体的关爱和承诺。

正是在这些暖心举措和点滴进步中,残疾人的移动性与可达性大大提高,被社会排斥的边缘感也会逐渐消解。

一种被接纳、被认同、被需要的"归属感"最终会构建起残疾人与杭州城之间的桥梁,让残疾人拥有更加幸福、精彩的人生。

执笔人:金逸文

指导教师:吴晓平

让公益长跑"顺其自然"

24 年，1469 万元！这些匿名捐款皆出自一人之手，那便是从不肯透露真实姓名的神秘英雄"顺其自然"。

2022 年 11 月 25 日，浙江省宁波市慈善总会收到一封挂号信，装有 108 张汇款收据，共 106 万元，挂号信的署名为"顺自"，取自"顺其自然"一词，落款地址是不存在的百丈路 1 号。据悉，"顺自"已连续 24 年向宁波市慈善总会捐出善款，宁波市慈善总会也次次按时回信。双方形成了一种无声的默契。

同时，该事件也再一次引发热议。有人盛赞匿名捐款才是真正的善心流露，坚持不懈地"追星"；有人默默赞扬，既不留姓名，就让其"顺其自然"……

不管是哪一种观点，毋庸置疑的是，我们都须尊重"顺自"匿名的意愿。

一、"坏事不做，好事不说，顺其自然"

有人不停地追"慈星"，认为即使"顺自"本身低调，社会也应该给予其应有的荣誉和关注，殊不知，囿于大众主观意识的社会荣誉却可能是捐助人不愿承受的负担。

"坏事不做，好事不说，顺其自然。"这是"顺自"写在信上的话，其捐款只出于善，不为名不为利。他的初衷便只是救济扶贫，匿名与否并不影响其心愿的达成。聚光灯下纵然闪耀，甘于幕后也未必黯淡。起初，宁波市慈善总会想找到这位无名英雄表示感谢，但屡屡寻访无果后，宁波市慈善总会真切感受到了"顺自"坚持匿名的意愿。

一直以来，宁波市慈善总会坚持信息公开透明，通过媒体及官方网站向"顺自"公示善款的执行和落实情况。如今，互联网的影响力是强大的，即使不抛头露面，"顺自"通过媒体，依然可以看到慈善事业的动态。多年来，宁波市慈善总会与"顺自"之间保持着这种默默的互动。"涓滴之水成海洋，颗颗爱心变希望。"在这种行动的渲染下，越来越多的匿名捐赠人参与进来，"顺其自然"地把这份爱心传递了下去。

二、尊重匿名，维护自愿

我们不仅应该明白"顺自"的用心，也应该让公益长跑"顺其自然"地进行下去，既不对个人做过多的探访，也不对捐助者的生活产生打扰。

捐款是个人的自发行为，姓名只是符号，匿名或实名都应该得到尊重。我们无须因为"顺自"的模范榜样就大力倡导匿名公益，断言"聚光灯下无慈善"，也无须因为高调捐助者受到大量的关注与赞赏而为匿名者倍感惋惜。不管捐助人选择怎样的方式，都能起到两个很好的作用。

一是只要每一笔善款如实公布，就意味着助学、扶危济困等慈善事业得到了推动与发展。近年来，宁波市慈善总会尊重"顺自"的意愿，由于助学是其主要资助方向，因此宁波市慈善总会便一直坚持将其善款用于助学、教育方向，有大批人受到了"顺自"的资助。"顺自"曾提出要给山区建造一所学校，宁波市慈善总会便选择革命老区余姚市梁弄镇原万家岙小学移地新建，以解决山村孩子求学困难的问题。山区教育得到了一定程度的改善。

二是能起到很好的示范效应，激励社会上越来越多有能力的人加入慈善事业、传递大爱。在"顺自"的影响下，许多人开始为慈善事业助力。虽然由于个人的情况不一样，捐助的金额各不相同，但这世间的善意从不以金钱衡量，有人身处沟渠，捐出五元十元，至善至简；有人财力雄厚，捐出百万千万，兼济天下。心意没有大小，善良不分高下。慈善行为是无言的大爱，无论大小，都能汇成暖流在心与心之间迅速扩散。

三、助力共富目标，寻求最优选择

如今，慈善事业引发了社会各阶层的关注，被寄托了更大的期许。大大小小的善意凝聚起来，落到实处，收获了可贵的成果，实现了善意的最大化。当下我国经济快速发展，但不可否认的是，各个地区、行业的贫富差距仍然存在。在共同富裕大背景下，慈善价值凸显，我们需要寻求最优解。

(一)先富帮后富，激励更多人参与慈善事业

作为民营经济大省，浙江省慈善事业的创新与发展，始终离不开浙商企业。企业作为先富主体，积极奉献爱心，扶危济贫，已经成了常见的社会现象，在慈善事业中起到主力军的作用，如浙能集团、浙江嘉行慈善基金会都曾捐助大额资金。

对先富主体而言，不足挂齿的数目也许能助他人解燃眉之急，微不足道的善举能够为他人照亮前程。在许多企业家、慈善家或其他先富主体的善意影响下，社会各方也积极响应，参与慈善的主体更加多元。如今，"精英慈善"转向"大众慈善"的趋势日益凸显，形成社会新风尚。人们渐渐淡化慈善的物质价值，而更看重其精神价值。微光之善举，可破他人之荆棘，点滴之馈赠，亦可解他人之难处。

(二)要以技术扶慈善，促进多元生态发展

互联网对慈善事业的助推作用也是不容小觑的。慈善组织可以通过各种公益网站和数字平台对善款去向进行公示，保证慈善环节公开透明。

浙江省是互联网先行区，"互联网+"在公益事业上也有所体现，全民参与的"指尖公益"已经成为一种新态势。互联网让慈善变得更加触手可及，人人都可以通过各种网络公益平台奉献爱心，不受时间和地点的限制。人人也都可以查看各种公益捐助、培训、互动等信息，促进了慈善的大众化，让公益和慈善变成值得分享的事情。同时，公益活动的形式越来越多样化、场景化，创新性和趣味性大大增加，以人们喜闻乐见的方式出现在大众生活中。

四、结语

总之，作为第三次分配的重要方式，慈善事业在促进"共同富裕"方面有着举足轻重的作用。在新的慈善生态下，我们须对公益做出新的诠释，推动新型慈善格局的形成，跑好公益长跑，跑出风采，跑出担当。

执笔人：陶　叶

指导教师：张李锐

AI时代，不变的是什么?

近些年，中国人工智能（Artificial Intelligence，简称AI）取得了不俗的发展成绩。2021年，斯坦福大学发布的《人工智能指数报告》显示，中国与人工智能有关的期刊论文引用数量已经超越美国，摘得全球第一的桂冠。

中国人工智能能够取得如此傲人的成绩，是国内各城市共同努力的结果。2022年，国际数据公司（IDC）与浪潮信息联合发布《2022—2023中国人工智能计算力发展评估报告》，对中国城市人工智能发展进行综合评估。其中，杭州位列第二名。

令人心潮澎湃的人工智能是什么? 浙江又会在新一轮的科技浪潮中迸发出怎样的力量?

一、人工智能是什么?

从2016年AlphaGo在围棋界一战成名，到2022年人工智能绘画吸睛无数，人工智能已然成为人们热议的话题之一。

人工智能诞生于1956年美国计算机科学家约翰·麦卡锡组织的达特茅斯会议，发展至今已有近70年的历史。

在当今信息化和数字化的时代，人工智能技术已经成为各领域的重要工具。IDC与浪潮信息联合发布的《2022—2023中国人工智能计算力发展评估报告》显示，2022年中国人工智能行业应用渗透度排名前五的行业依次为互联网、金融、政府、电信和制造。同时，与2021年相比，行业渗透度明显提升。其中，互联网行业依然是人工智能应用渗透度和投资最高的行业。

二、人工智能会有怎样的未来？

人工智能作为新一轮产业革命和科技革命的核心驱动力，早已引起各国重视。多国纷纷出台政策从战略层面推动人工智能发展。

一是成立研究机构，涉及多学科。美国国家科学基金会启动人工智能研究机构计划，与美国联邦政府相关部门共同筹建人工智能研究院网络，与部分政府部门以及谷歌、亚马逊、英特尔等科技巨头合作成立了 18 家人工智能研究院。其中，人工智能研究涉及物理学、工程学、数学、计算机科学、生物学、心理学、材料学、社会学、行为学、应用伦理学等近 20 个学科。加拿大资助位于蒙特利尔、多伦多和埃德蒙顿等地的人工智能研究机构，以此吸引学术人才。国内耳熟能详的百度研究院、阿里巴巴达摩院、腾讯人工智能实验室等企业研究院和北京大学、清华大学、北京师范大学、复旦大学、上海交通大学等高校自建的研究院正致力于创新人工智能主流方法，并结合优势学科推动跨学科发展，诸如类脑智能、连接组学、全脑仿真等。

二是广泛布局各领域，推动技术融合。为推动人工智能在美国国内的研发应用部署，美国多个联邦政府部门纷纷开始行动，成立人工智能专职管理机构。例如，美国国防部于 2020 年成立联合人工智能中心，美国商务部于 2021 年成立国家海洋和大气管理局人工智能中心，美国能源部于 2020 年建立人工智能和技术办公室，等等。

中国通过场景创新来推动人工智能技术发展。场景可以理解为一种连接方式，以人为中心的体验细节是场景的核心要素。2022 年下半年，科技部等六部门印发的《关于加快场景创新以人工智能高水平应用促进经济高质量发展的指导意见》明确指出，鼓励在制造、农业、物流、金融、商务、家居等重点行业深入挖掘人工智能技术应用场景，促进智能经济高端高效发展。

三是推广人工智能具体应用，促进企业发展。为消除市场障碍，德国联邦政府为中小企业提供咨询服务，并通过区域人工智能集群改善初创企业的创业环境。我国积极建设国家新一代人工智能创新发展试验区，并打造开放的创新平台，方便大型企业与中小企业以及小型研究机构合作，以建立互利的创新生态系统。

三、浙江如何发展人工智能?

2017年,国务院印发《新一代人工智能发展规划》,提出了面向2030年我国新一代人工智能发展的指导思想、战略目标、重点任务和保障措施。浙江省响应国家号召,于2017年7月出台了针对人工智能人才的12条政策,于2019年正式印发《浙江省促进新一代人工智能发展行动计划(2019—2022年)》。2022年年初,浙江省印发《建设杭州国家人工智能创新应用先导区行动计划(2022—2024年)》,提出到2024年,杭州市全市人工智能应用水平全国领先、国际先进。

在政策的有力支持下,浙江省人工智能产业快速发展。《2022年浙江省人工智能产业发展报告》显示,2021年,浙江省人工智能企业实现总营业收入3887.42亿元,同比增长30.96%,实现利润总额446.32亿元;研发投入达244.42亿元,占营业收入比重的8.2%。同时,浙江省人工智能产业基本覆盖了基础层、技术层和应用层三个层面,形成了从核心技术研发、智能终端制造到行业智能化应用的完整产业链。

浙江各地的人工智能发展有不同的着力点。如今,浙江省人工智能产业已形成以杭州为核心,宁波、嘉兴、湖州、绍兴、金华等地区快速发展的态势。杭州建设新一代人工智能创新发展试验区和国家人工智能创新应用先导区;宁波推动"人机物"融合智能技术创新,构筑"3+3+N"人工智能产业体系;温州在浙江东部沿海一带打造智能装备产业带;湖州推动德清新一代人工智能创新发展试验区建设;嘉兴在智能汽车、智能装备与机器人等领域形成人工智能深度应用;衢州形成以集成电路、锂电材料、智能家居为主导的人工智能发展新格局;舟山构建以智慧海洋为主导的人工智能特色化发展格局;绍兴、金华、台州、丽水在推动人工智能与实体产业融合等方面也涌现出了很多亮点。

浙江人工智能技术创新成果丰硕。截至2021年年底,浙江省人工智能企业授权发明专利达23538件,成功研发3D键合堆叠存算一体芯片、超导量子芯片、多模态大模型等一批技术领先成果。在智能芯片、智能软件、区块链、智能物联、智能计算、智能驾驶、智能制造、智能安防、智能商贸等 9 个领域，浙江省处于世界领先地位。

浙江人工智能技术以应用场景为突破口。浙江正在推动人工智能在产业发展、公共治理、民生服务等不同层面形成一批应用场景，其中老板电器未来工厂、蓝卓工业互联网平台、电机产业大脑等成为浙江省内重点应用场景。

此外，浙江率先开展智能社会实践，成立了以浙江省委网信办和之江实验室为主导，省级和杭州市级相关部门参与的实验工作组，以未来需求为牵引，以前沿技术突破为主攻方向，聚焦类脑智能、量子信息、未来网络、深海空天、数字生物、元宇宙、前沿电子材料等七大领域，助推未来产业发展。

可以看见，浙江人工智能的发展与全球相比富有自己的特色。在紧跟国家政策、推动技术创新方面，浙江省始终如一，在人工智能领域留下了一个个坚实的脚印。

四、结语

如今，中国的人工智能已经在工程方面拥有了全球领先的实力，国内大量人才、资金以及利好政策正进一步涌入人工智能领域。面对如此蓬勃的发展态势，我们需要冷静思考。人工智能的繁荣并非一蹴而就，其背后是研究人员以兴趣为核心驱动力的坚定，是十年磨一剑的科学精神，是致力于为人类科研事业做贡献的理想情怀。

人类的一只脚已踏入人工智能时代的大门。无论是人工智能还是其他科技的发展，归根结底是以促进人类和平并谋求全人类幸福发展为目标，弘扬人类共同价值。

科学无国界，创新无止境，科技开放合作势在必行。未来已来，在科技浪潮中，唯变不变。

执笔人：董力羽

指导教师：邵　鹏

"国色"生香,看"浙"里亚运美不胜收

2023年的兔年春晚,《满庭芳·国色》惊艳了众人,为观众呈现了一场美轮美奂的视听盛宴。

正如歌词"眼中颜色翻波澜,天地呈现出五官",在自然万物、天地四时中追寻国色,能够让传统美学焕发出强大的生命力。杭州亚运会亦采取这种方式,传递生生不息的中国故事。

一、自然+人文:国色基因成就新时代画卷

提及杭州亚运会,很多人第一时间就会想到会徽"潮涌"。其主体图形由扇面、钱塘江、钱江潮头、赛道、互联网符号及象征亚奥理事会的太阳图形六个元素组成。"虹韵紫"是杭州亚运会会徽"潮涌"的主色,它既是欢聚和交融之色,也是活力与创新之色,象征"日月交辉、时代风采",传递幸福吉祥、昂扬奋发的美好寓意。

杭州亚运会色彩系统主题为"淡妆浓抹",灵感出自宋代诗人苏轼的诗句"欲把西湖比西子,淡妆浓抹总相宜"。杭州亚运会色彩系统设计师郭锦涌认为,色彩是非常独特的视觉语言,它是非常感性的,可以讲故事,就像诗歌一样。杭州是"诗画浙江"的省会,也是"唐诗之路"非常重要的起点,所以诗歌就成了创作的重要灵感来源。

杭州亚运会色彩系统包括六种颇具江南色彩的颜色,分别是虹韵紫、映日红、月桂黄、湖山绿、水光蓝、水墨白,并且每一种颜色,分别对应了一句描写杭州的诗词。其中,主色"虹韵紫"出自唐朝诗人白居易的"日出江花红胜火,春来江水绿如蓝"。红和蓝的交融诞生了紫色,与会徽交

相呼应，统一了杭州亚运会的色彩个性；"映日红"出自杨万里的"接天莲叶无穷碧，映日荷花别样红"，取霞光、气韵之色，对应让人热血沸腾的对抗类比赛项目；"月桂黄"出自"山寺月中寻桂子，郡亭枕上看潮头"，取桂花、芬芳之色，对应较为经典的竞技类比赛项目；"湖山绿"出自"天风吹我，堕湖山一角，果然清丽"，取青山、生态之色，对应球类比赛项目；"水光蓝"出自"水光潋滟晴方好，山色空蒙雨亦奇"，取晴空、水波之色，对应水上比赛项目；"水墨白"出自"东南形胜，三吴都会，钱塘自古繁华。烟柳画桥，风帘翠幕，参差十万人家"，在整个系统中作为间色，起到调节的作用。不同色系之间通过形的组构与叠会方式形成组合应用，汇聚成一个具有"诗性"的整体。

二、古典+现代：打造视觉美感的东方范式

杭州亚运会视觉形象体系的另一重要组成元素——核心图形"润泽"，象征着温润万方的气韵和心胸。"核心图形作为承载亚运精神和文化基因的视觉形象，是亚运体育与杭州的自然、人文、生态、科技、艺术与美学的展现与传播。"图形设计者成朝晖说道。

"润泽"灵感来源于杭州代表性文化元素：丝绸。古有"丝绸之路"，今有"一带一路"，丝绸向来是东方意象的代表之一，而杭州凭借着自古以来便有的"人间天堂、丝绸之府"的美誉和"海上丝绸之路"的重镇地位，让无数人为之着迷。

相较于往届亚运会的核心图形，杭州亚运会第一次融入特殊表现的"点彩"设计，吸引了许多人的目光，数以万计的彩色像素点在视觉中跳脱，达到了形色相融的效果。整体图案则根植于中华文化的深厚气韵和博大胸襟，利用融传统和现代于一体的艺术手法，徐徐展开一卷饱含东方诗意的"新富春山居图"。山水彩墨、智能网云等元素也在其中交错呈现，灵动飘逸的丝绸之线和曲折秀美的山水之线动静结合、相互交织，突出了丝绸飘逸灵动的特性，象征了亚奥理事会大家庭在杭州欢聚，亚洲的多彩体育文化通过杭州亚运会的舞台进行友好的交流和借鉴。

古今合璧的引导标识系统,则体现了杭州亚运会组委会对于视觉美感和文化内涵的重视。在色彩上,依旧采用色彩系统中的"虹韵紫"为主色调;而图标、符号和装置造型的设计灵感,则来自良渚玉琮和钱江浪潮。

比如,指示牌通常有四个面,象征玉琮的八个方向,寓意"礼迎八方";同时以渐进式色阶区分玉琮的"节",并分区分层编排导引信息,每一节正好能够说明一个信息,寓意"节节攀升",向外界展示杭州亚运会的热情与真挚。

三、思想+艺术+创新:赴一场面向未来的活力盛宴

杭州亚运会色彩的内涵和意象还体现在吉祥物上。杭州亚运会吉祥物是一组承载厚重底蕴和充满时代活力的机器人,组合名为"江南忆"。"江南忆,最忆是杭州","琮琮""宸宸""莲莲"三个可爱的吉祥物象征杭州三处世界文化遗产,满载着创意与活力,从时空彼岸走来,唱响历史人文、自然生态、体育竞技的三重赞歌。

名字源于良渚古城遗址出土的代表性文物玉琮的"琮琮",全身以源自大地、象征丰收的黄色为主色调,体现了中华五千多年文明史的源远流长、博大精深,展现了不屈不挠的创业精神,鼓舞人们激发生命活力,创造美好生活;名字源于京杭大运河杭州段的标志性建筑拱宸桥的"宸宸",全身以科技蓝为主色调,体现了海纳百川的时代精神,架起了亚洲和世界人民的心灵之桥;名字源于西湖中接天莲叶的"莲莲",全身覆盖清新自然的绿色,体现了和谐共生的自然生态和大气开放的人文精神,传递共建人类命运共同体的期许。

当然,一位位设计者也为国色增添了新的时代注脚。比如,郭锦涌道出了杭州亚运会色彩的与众不同,即"渐变色"得到了大量运用。"这次我们发布的颜色并不是某个固定的颜色,而是一个区间。这样做的好处是能在不同的条件下,尽量让颜色达到一种和谐舒适的状态。"郭锦涌表示,色彩是相对的,同样的色彩在不同光照下,表现出来的效果其实是不一样的。比起单一的颜色,渐变色拥有更多的灵活度和适应性。未来,具有极大美

学价值的国色们将广泛运用于城市端、赛场端、产品端等各个领域，以独特绵长的经典韵味和绚烂明媚的色彩氛围，让浸润者生发对未来的奋进与追求。

执笔人：夏楠、吴诗瑶

指导教师：李　芸

教育殊途，同归成才

李庆恒，一名"90后"快递小哥，获评杭州市高层次人才，在杭州购买首套房可获得一百万元的补贴；马宏达，浙江建设技师学院的一名普通学生，在国际大赛上斩获抹灰与隔墙系统项目金牌。他们今后在买房、落户方面都可享受杭州市的优惠政策，他们只是杭州市高层次人才评定政策中获益的一小部分人。

随着创新强省、人才强省工作的稳步推进，职业教育成为强省建设的"压舱石"，职业教育的传统角色定位发生转变。2021年，浙江省教育厅印发《浙江省职业教育"十四五"发展规划》，提出职业教育发展目标，即到2025年，职业教育基本形成"与普通教育具有同等重要地位"定位功能相匹配的吸引力和核心竞争力。

一、为什么要提升职业教育的地位？

职业教育地位的提升，与新时代我国经济社会发展中各行各业对高技能人才的迫切需求密切相关。职业教育与普通教育的教育本质是一样的，主要区别在于教育类型不同，职业教育培养的是技术应用型人才，普通教育则是以学术研究型为主。2021年，国家"十四五"规划纲要明确提出，加强创新型、应用型、技能型人才培养，实施知识更新工程、技能提升行动，壮大高水平工程师和高技能人才队伍。

从"技术应用型人才"到"高技能人才"往往需要经过长期的生产劳动磨炼，需要职业教育发挥其培育职业人才的教育价值和基础性作用，引导职业从业者树立契合社会发展的职业观、价值观。

在我国制造、新能源、建筑、信息传输、软件、电子、航天航空等领域，都存在着高技能人才严重短缺的问题。职业教育培育的正是一群能在生产、运输和服务等一线领域工作的高技能人才，他们具备精湛的专业技能，能在关键环节发挥作用，能够解决生产操作难题。

习近平总书记就加快职业教育发展作出过重要指示，职业教育是国民教育体系和人力资源开发的重要组成部分，是广大青年打开通往成功成才大门的重要途径，肩负着培养多样化人才、传承技术技能、促进就业创业的重要职责，必须高度重视、加快发展。

二、职业教育培养的是什么样的人？

职业教育只有实现高质量发展，才能承担起推动国家社会经济高质量发展的重任。作为职业教育起步较早、扎实推进、发展稳健的省份之一，浙江省在推动职业教育发展过程中做了诸多努力。

从2006年至2015年，全省各级各类职业院校共培养技能人才近300万人，每年培训各类技能人才100多万人；截至2021年年底，全省中职专业分布点为2553个，高职专业分布点为1631个，涉及现代服务业、先进制造业、现代农业等；截至2022年5月，浙江省已拥有本科层次职业学校2所，高职高专院校49所，中等职业学校（包括技工学校）348所，全省职业学校在校生126.56万人。据政府工作报告，2023年浙江将新增技能人才40万人，其中高技能人才20万人，建成零工市场200个。

正是多年以来的谋划布局，配合政策上有力的统筹保障，浙江省内职业教育成果遍地开花，各类职业学校人才培养成果显著，在众多国家级、省级、市级重点项目建设中都能见到浙江高技能人才的身影。

浙江建设职业技术学院办学60多年来，为建设行业和地方经济建设输送各类人才6万余名，北京鸟巢、G20杭州峰会主会场、杭州亚运会场馆、杭州火车东站等建设项目均有优秀校友参与建设。

为适应浙江道路领域对复合型人才的需要，浙江交通职业技术学院紧紧围绕智能公路设计、施工、检测、管理和养护五大核心工作群体进行人才培养,每年为国家交通运输业输送 15000 多名高素质人才,800 多名毕业生成为杭绍甬高速公路、浙江文泰高速公路等重大项目的技术骨干。

绍兴职业技术学院自 2018 年起,开始进行城市轨道交通运营管理人才"订单式"培养,与绍兴地铁、杭州地铁、杭港地铁等轨道交通企业合作,专项输送城市轨道交通人才,学生就业率超 90%。

在国家高端装备制造业内被称为"钢铁裁缝"的"最美建设人"沈益东;"杭州工匠"获得者——浙江省首席技师张纪明;获评"浙江大工匠"的渔业船舶电工行业领军人物吴建国等诸多执着专注、精益求精的浙江工匠们,在千行百业中闪耀着光芒。

三、职业教育蓬勃发展之计策

推动浙江职业教育高质量发展无疑是浙江省技能型社会建设过程中的重要一环,也是浙江省在共同富裕示范区建设过程中的重要基础性工作。在浙江这片孕育人才的沃土上,职业教育还会焕发出怎样的光彩呢?职业教育的未来发展值得期待!

(一)强化供需对接,夯实就业基础

职业院校学生毕业后选择从事"蓝领"工作,可以在一定程度上解决产业发展过程中大量技术人才短缺的问题。针对职业院校学生担心的从事"蓝领"工作能否获得较好的就业保障、未来是否有职业上升空间等问题,政府需要进一步完善职业教育发展政策体系和工作体系,拓宽职业技术人才深造通道,扩大技术人才的未来发展空间。

为满足浙江产业对于人才的需求,多所职业教育类学校与企业达成就业合作协定,为学生提供了大量的实习和就业机会。职业教育"产教融合"的高质量发展需要校企间常态化的沟通,强化供需对接,增强职业教育适应性,通过实践提升学生技能水平,在与企业良性互动中促进教育链、人才链与产业链的有机衔接。

（二）注重培养职业素养，广泛辐射社会事业

教育始终应该以立德树人为根本任务，职业教育在培育技术人才的过程中同样应该注重将"职业技能、职业精神、人文素养"贯穿融合教学的始终，以"工匠精神"为指引，致力于培养工匠型人才。

什么是"工匠精神"？"工匠精神"是职业道德、职业能力、职业品质的体现，是从业者的一种职业价值取向和行为表现。它源于职业教育，又高于职业教育，需要从业者通过参与广泛的技术活动从而内化为自己的精神，例如主动服务行业企业、将职业技能应用于社会公益事业等等。

浙江省内许多院校都根据自身办学特色，自主组织开展专业契合度较高的公益服务，例如宁波市甬江职业高级中学的老师们就带领该校美发与形象设计专业的同学们参与社区公益理发活动；浙江工业职业技术学院结对灵芝镇安心村，开展针线缝补志愿服务活动；等等，社会各界反响热烈。

政府应积极推动职业院校组织开展各类社会服务活动，提升职业院校社会服务能力，提升职业教育的贡献度，努力培养具备专业实力与匠心精神的"大国工匠"。

（三）提升职业教育的国际化水平，培养国际化人才

无论是普通教育还是职业教育，教育国际化是教育发展的必然趋势，未来前景广阔。当下，我国与世界各国的国际合作项目日益增多，在许多重要国际会议上，中国政府不断提出职业教育合作新举措。例如，中国同东盟加强职业教育、学历互认等合作；实施"未来非洲-中非职业教育合作计划"；继续同非洲国家合作设立"鲁班工坊"；等等。

当前，浙江省内职业院校开设的专业基本围绕中国本土企业人才需要，由于国际类专业培养难度相对较大，人才输出要求相对较高，所以浙江省内职业院校开设的国际类相关专业相对较少，且培养人数较少。

四、结语

随着中国与世界的联系日益紧密，浙江省应该拓宽国际视野，积极鼓

励职业院校增设国际类专业,在人才培养、实习就业等方面与国外教育机构展开合作,支持有条件的职业教育机构"走出去",努力提升职业教育国际化水平。

执笔人:姜金利

指导教师:李 芸

"浙"里开拓，笃行不怠赢未来

2023 年，来自浙江台州的侨商赖剑峰在网络上走红，他在非洲尼日利亚被"加冕"为酋长，获得 100 多平方千米封地的故事吸引了众多网友的关注。身着白色长袍，头戴特制的头巾，手握权杖的赖剑峰在"酋长加冕仪式"的视频中笑得灿烂，听闻此事纷纷跑来庆祝的居民也围绕在其身边，现场掌声雷动。这不禁让人想要探寻，赖剑锋何以当上酋长？像他这样的浙商如何在国际舞台上焕发光彩？

一、奋进有为，开拓发展新地

"这么年轻，难道就当上酋长了吗？""我的酋长梦已被点燃""都是同龄人，可他已成为酋长"……可以看到，许多网友都羡慕赖剑锋年纪轻轻就成为酋长。实际上，出生于 1987 年的赖剑锋不仅是一名"青年"酋长，更是一位"成熟"的浙江商人，富有干劲，勤奋务实，敢于挑战。"我做过很多行业，也开过饭店，做啥赚钱我就去尝试啥，有赚有亏，积累了很多创业的经验。"骨子里有着浙商精神的他从不畏惧困难，尝试与成长贯穿其创业的始终。不怕试错的"闯荡劲"促使他来到非洲，选定了尼日利亚科吉州的雅格巴西市作为自己人生新的出发点。

经贸领域是浙江对外合作的重点领域之一。近年来，浙江出口贸易持续增长，服装、箱包、电子产品、汽车零配件、钢铁、农产品等畅销国外，进口的干鲜瓜果及坚果、酒类及饮料也深受浙江人的喜爱。浙商作为国内较早尝试进入国际市场的商人群体，其合作网络遍布各国，覆盖工业、农业、旅游文化等各个领域。如今，越来越多的浙商在全球范围内开展经贸活动,实现跨境合作。

除了个体的参与,阿里巴巴、浙江建投、华友钴业、正泰、巨石等一大批浙江企业也纷纷出海,在投资、贸易和工程承包等领域扩大发展规模。数据显示,2022年,浙江企业在"走出去"的过程中,共有9家企业进入"世界500强"榜单,10家企业进入"中国跨国公司100大"榜单,50家领航企业平均跨国指数达到30.8%,高于中国100大跨国公司平均跨国指数15.2个百分点,累计设立境外企业超500家,对外投资备案额超450亿美元,覆盖63个国家和地区。

浙江跨境合作拥有非常好的基础,如针对非洲贸易,浙江建立了一批浙非合作交流服务平台,中非民间商会、中非桥、电子世界贸易平台、浙非服务中心等服务平台高效运转,在信息供给、协调引导、经贸服务方面发挥积极作用。

二、聚焦民生,争当造福使者

赖剑峰之所以被封为"酋长",是因为他为当地作出过卓越的贡献。他投资创建的项目不仅解决了许多人的就业问题,还为当地创造了一定的税收。此外,赖剑锋还出资挖井开渠,为孩子们买装备、请教练,以支持他们的足球梦想,用慈善手段化解当地生活难题,关注人们的生活幸福度。

对于许多前往国外寻找机遇的人来说,富有潜力的经商和创业之地,宛若广袤的希望的田野。对于很多当地居民而言,来到这块土地上创业的浙商,也给他们带来了希望和帮助,使他们体会到了友善和祝福的力量。比如,来自诸暨的张光宇"酋长"不仅为当地带来了众多先进的技术和设备,还经常资助贫困学生,为大学生提供实习场所;来自温岭的干嘉璇"酋长"厚待当地民工,以高出当地近一倍的工薪标准支付雇员工资,并自掏腰包打深井。

慈善的力量自浙江商会散布开来:当美国加州发生灾难性山火之时,全美浙江总商会、美国加州温州同乡会同时发起"人间自有真情在"义捐活动,呼吁大家伸出援手,帮助南加州灾民渡过难关;马拉维浙江商会为当地孤儿院捐赠物资，采购资金来源于先前在格兰德物贸园区举行的中国浙江美食节义卖所筹集到的善款；巴西中国浙江商会会长郑侠茂等一行人员在巴西儿童节到来之际，赠与里约玛丽保护贫困儿童园一批儿童玩具和食物，给贫困幼儿以关心和爱护；泰国浙江商会积极投身于江浙会馆联合五家商会举办的扶贫物资发放行动，力争成为泰中友好发展的桥梁与纽带……一份份善意汇聚成巨大的能量。

三、浙江模式，开启合作新潮

在 2023 年的"新春第一会"上，浙江提出要强力推进开放提升，加快打造高能级开放之省，实施"地瓜经济"提能升级"一号开放工程"，让"地瓜经济"更具韧性、活力、竞争力。地瓜的藤蔓伸向四面八方，以此汲取更多的阳光、雨露和养分。

除了经贸往来，浙江的跨境合作还有哪些举措，在相隔万里的双向奔赴中，上演一个个共赢的故事，让"走出去"的步伐迈得更大？

良好的政策导向是浙江模式走向成功的关键之一。浙江高度重视国家对外合作的战略部署。以非洲为例，2019 年 3 月，浙江发布了国内首个地方省级政府出台的《浙江省加快推进对非经贸合作行动计划（2019—2022年）》，围绕规划指导、产业对接、设施联通、贸易畅通、数字经济、人文交流六大重点领域积极布局合作。

2022 年年底，浙江牵头推进"千团万企拓市场抢订单"稳经济行动，1000 个团、10000 家左右外贸企业参与，各地外贸企业出海寻觅机遇，在阿联酋、德国、法国等地找市场、抢订单。各项面向企业的支持政策释放积极的信号，让企业更有底气与信心，从而在新的一年争取得到更多与国际同行竞争合作的机会。

浙江省广泛的对外人文交流也成了强有力的"黏合剂"，拉近了不同地域人民的距离。正所谓"志合者，不以山海为远"，"中国历代绘画大系"之宋画欧盟特展、"和谐之美"诗画浙江欧洲推介会、"诗画浙江·心约富士山"文旅系列交流活动、中非文化合作交流周等系列活动，使得浙江的文旅品牌知名度和国际知名度逐步提升。众多单位也在国际文化传播中持续发力，如天一阁博物院与意大利美第奇洛伦佐图书馆、马拉特斯塔图书馆签署《宁波共识》，并面向全球呼吁建立世界藏书楼联盟；浙江音乐学院与中东欧 15 所音乐学院共同倡议成立了"中国-中东欧国家音乐院校联盟"，在学术研究、创作探讨、艺术展演等方面开展多元化合作，共同促进音乐高等教育的发展。

许多来自外国的友好使者都在用自己的方式宣传跨国文化交流中迸发出的源源不断的活力：哈萨克斯坦小哥安德烈与中国朋友小陈直播乌镇戏剧节的精彩瞬间；雅加达亚运会银牌得主飞龙在莫干山山脚勤劳村的自家民宿里教大家如何做尼泊尔菜；浙江外国语学院西班牙籍教师爱莲与浙江省古建筑设计研究院副院长黄贵强同游德寿宫博物馆，感受底蕴深厚的南宋历史……这些体现了各国人民对"诗和远方"美好愿景的共同期许。

四、结语

在未来，浙江将兼顾广度和深度，厚植友谊根基，在推动打造人类命运共同体的过程中发出浙江声音。

执笔人：夏　楠
指导教师：李　芸

别让"站岗"成为实习的唯一出路

"只要给实习生一张实习证明,实习生甚至可以在床旁边站岗",这个热梗在各大平台上引起了强烈的共鸣与讨论,点击量达数亿次,反映了实习生的社会地位与在职场中的尴尬身份。

与之相伴的是实习生群体铺天盖地的诉苦留言:"作为实习生的我每天都被主管破口大骂""老员工们总是把他们的任务丢到我桌面上让我帮他们完成""每天都要在公司扫地拖地,我到底是在实习还是在做保洁"……

在职场中,实习生常有被视为"廉价劳动力"的感受,所面临的不仅有打杂的工作,还有来自上级有形或无形的打压。

据调查,多数实习生的实习目的仅是拥有一张"实习证明"。实习证明上一般会写明实习生的名字、实习岗位、实习时间以及工作表现(有时会写一些实习单位对实习生的工作评价),且要有公司盖章才真正具有效力。

由于实习证明通常是大学生毕业的必要条件,所以某些企业利用实习生"因要开实习证明有求于公司"的主观诉求而对实习生要求颇多,要求实习生完成超出其实际工作能力的任务。

实习本应是大学生从学校到职场的过渡,为什么变了味?

一、应届毕业生面临的三个难题

第一,进入职场难。某些公司在招聘应届毕业生时,要求应聘的应届毕业生拥有相关实习经历。深究其背后原因,其中之一便是企业想要节约培养应届毕业生的人力、物力与时间成本,减少试错风险。

第二,在职场生活难。一些用人单位认为"实习生就是来打杂的",因而将琐碎的工作交由实习生完成，有时还会将自己因工作压力所产生的不良情绪发泄在实习生身上。许多实习生为了拥有一张实习证明而忍气吞声，甘愿忍受身体与心理的双重压力。

第三，开实习证明难。网络上流行一个热梗——"只要告诉大学生能给他开实习证明，大学生能帮你做任何事"。有网友留言自嘲："我能去你家站岗吗？只要你能给我开实习证明。"这个留言看似幽默实则令人心酸，反映了大学生所面临的困境。此外，网上随处可见类似于"实习证明哪里容易开"的提问，甚至有人为"实习证明有盖章但不实习，如何造假"出谋划策，损害了认真实习的大学生的权益。而造假得来的实习证明没有任何价值。

二、如何发挥实习的真正价值，营造宽容、和谐的实习氛围？

学习实际技能尤为重要。莫言曾言："满腹经纶是黔驴之技。"应届毕业生应当主动学习实际技能，掌握实操性本领，并在实践中加以运用。

正视自我，弥合落差，承担与社会角色相匹配的社会责任。实习作为帮助大学生，尤其是应届毕业生找准自我社会定位的有效途径，激励着青年人培养试错的勇气与果敢的决心，坚定信心，发挥更大的价值。

破除唯"实习证明"论，营造宽容、和谐的实习氛围是非常有必要的。作为社会主体之一，用人单位应当主动承担社会责任，给予实习生应有的待遇，同时帮助实习生实现从学校到职场的过渡；老员工更应发挥"职场领路人"的作用，对实习生多一些包容，少一些苛责。

高校也应通力合作，着力培养学生的个人技能，搭建实习基地，为大学生提供实习机会。浙江多所示范高校与企业签订校企合作协议，强化数字人才职业技能培训，开展多个实习基地共建活动，为学生搭建崭新的实习平台。

深化职业教育改革，促进解决实习困境。完善职业教育体系，以高职教育为主体，社会其他教育力量为补充，顺应职业分工细化的现状，着力保障良性实习平台的搭建。

三、结语

实习不是赶鸭子上架，而"站岗"也绝非实习的唯一出路。任何人都不是大学生实习困境的旁观者，而是助推实习困境解决的一份力量。只有个人、学校、社会与政府等多个主体共同参与，才能为实习生打造一个良好的实习环境。

执笔人：王心禾

指导教师：张李锐

5.5G第一城：浙江杭州为什么能接住第一棒?

2023年3月，中国移动浙江公司宣布，已联合华为公司运用全球领先的通信科技在杭州率先实现了5G-Advanced（又称5.5G/5G-A，以下简称5.5G）网络的测试与验证，并将该技术部署在杭州亚运会场景下的3D体验、智能网联汽车、智能场馆管理等应用。

5.5G是5G技术演进的下一阶段，它意味着更卓越的技术表现、更多元的应用场景和更快捷的生活模式，作为引领科技创新的大省，浙江以创新驱动发展的坚定决心，为我国数字化改革与高质量发展贡献新力量!

一、5.5G有何性能提升?

2020年，在全球移动宽带论坛上，华为提出无线通信5.5G倡议，并得到了全球通信产业的广泛响应和关注。2023年3月，在"携手迈进5.5G时代"峰会上，全球运营商、行业精英等更是就如何迈向更加繁荣的5.5G时代进行了深度探讨。

5.5G意味着更快的速度、更低的时延、更多的连接数。5.5G的核心升级表现为在5G泛在千兆体验、百亿联接的基础上实现下行万兆（10Gbps）、上行千兆（1Gbps）的峰值速率，以及毫秒级时延、低成本千亿物联。这就意味着，普通消费者将有机会获得线上3D商城、24K分辨率的VR游戏等体验。

二、5.5G有何功能拓展?

在"Win-Win华为创新周"期间，华为公司便提出了5.5G网络的关键特征，即万兆体验、千亿联接和内生智能。万兆体验有助于满足用户极致体验升级与行业数字化需求，千亿联接为的是进一步实现多频互联、场景互动，内生智能则是表达对未来人类社会人性化、智能化、效率化的追求。

如今，在产业界的共同努力下，5.5G 多项关键技术取得突破。无源物联网技术能够以低成本、高效率的方式对相关产品进行追踪与清点，实现对产品标签的新利用。通信感知技术则更多地运用于智慧交通领域。5.5G 通过基站对电磁波的反射来感知物体的形状、距离和速度，定位能力可以从"米"精确到"厘米"。比如在智慧城市的道路交通中，通过感知雨雪雾天气下道路的障碍或者异常情况，5.5G 网络可以在 1 公里外通过地图通知驾驶员，从而降低因天气原因造成事故的概率。

三、5.5G 如何赋能浙江发展？

数字化改革全面启动以来，浙江省从基础设施到政务设施再到科技创新，不断涌现出数字化新成果。2023 年浙江省政府工作报告提出，今后五年，将大力推进数字化改革，建设数字浙江、打造数字变革高地。数字化是浙江发展的关键词，5.5G 既是网络基础设施的再升级，也是浙江数字化转型的"推进剂"。

随着信息技术的飞速发展，人类迈入万物智联时代，"数智化"是在数字化基础上的更高诉求。5.5G 将从政府服务智能化、产业生态重构化、民生服务数字化等多个方面给浙江人民的生产生活带来全新的技术与服务体验，推动社会和经济不断向前发展。

在政府服务智能化方面，目前浙江已经依托掌上办公 App"浙政钉"形成了较为完整的数字政务系统，同时设立"浙里办"平台以汇集全省政务服务、城市生活、社区治理等领域各类场景化应用。在此基础上，5.5G 能够以更高效快捷的方式提升政府服务效率，借助内生智能的无线网络所提供的实时感知、建模预测、多维决策等能力，实现资源的按需配置、业务的多元拓展，以及用户体验与运营容量的最优化，助力"最多跑一次"改革。

在产业生态重构化方面，无源物联网具有零功耗、低成本、易部署等优势，这不但降低了产业生产连接的成本，而且拓展了物联设备连接的场景，增加了连接的数量，使物联网可连接的设备数量向万物纵深扩展。未来，杭州亚运会场馆物资的自动化管理、产业生态内部多终端远程操控等智慧化生产都将成为现实。同时，5.5G将推动上下行解耦技术的不断创新，满足煤矿、钢铁等多个场景百路高清回传、全景远控等1Gbps上行速率的需求，为产业链改革提供数智化基础。

在民生服务数字化方面，5.5G凭借大带宽、低时延、确定性体验等优势，能够让人们不用佩戴眼镜即可获得身临其境的非凡体验。此外，5.5G也称为绿色5G，其提供的智能节能技术、新材料新能源技术将进一步助力国家"双碳"目标的实现，为我国节能环保事业助力。

四、结语

中国移动研究院院长黄宇红说："5G-Advanced双链融合将持续提高5G的网络能力和产业创新能力，为各行各业转型升级和高质量发展提供新动能。"在科学技术日新月异的当下，5.5G的出现不仅是通信技术的升级，更代表了新生态、新机遇。我们期待5.5G在未来能够有更多精彩的表现，助力人民在政治、经济、文化、社会、生态各方面拥有更多的获得感、安全感和幸福感。

执笔人：王嘉怡

指导教师：邵　鹏

昨夜星辰，未来更美

随着社会的发展，媒体的形式也在不断变化。2023 年 2 月，浙江日报报业集团倾力打造的"潮新闻"客户端上线；4 月，由浙江广电集团牵头打造的"Z视介"客户端正式上线，其既是一个重大文化传播平台的核心载体，也可以说是一个"视听新物种"。

作为媒体融合向纵深发展的新代表，各类融媒体新闻平台在这个日新月异、信息爆炸的时代，发挥着重要的传播功能。

一、历史与进程

中国古代的报纸起始于唐朝，在宋朝有了较大的发展，"邸报"是其中最流行的称呼，其内容主要是皇帝的诏书命令，皇帝的起居言行，政府的法令、公报，有关官吏任免赏罚的消息和大臣的章奏文报（重大军情）。到了明清时期，印刷效率的提高，推动了邸报的发展。但当时的邸报与近现代报纸还有着根本的区别。

直到 19 世纪初，中国才有了近代报刊。首份近代报纸是由西方传教士创办的，本质是配合其国家的殖民扩张、传教等。此后，以中国人为主创办的近代报刊逐渐发展起来。

当广播越来越多地出现在人们的日常生活中，人们便不再满足于通过阅读文字获取信息。中国共产党创建的第一座广播电台诞生于烽火笼罩中的延安，史称延安新华广播电台；在解放战争时期，延安新华广播电台更名为陕北新华广播电台。1949 年 3 月，电台随党中央迁至北平，更名为北平新华广播电台；同年 9 月，电台再次更名为北京新华广播电台。同年 12

月,经中央批准,定名为中央人民广播电台。

1958 年 5 月,我国第一座电视台——北京电视台(中央电视台前身)开始试验播出,4 个月后转为正式播出。此后,它给中国老百姓带来了众多令人难忘的节日和活动。

伴随着新时代到来的,还有中国传统媒体的漫漫转型路。

二、创新与新策

面对新时期互联网技术飞速发展所带来的挑战,媒体融合向纵深推进,主流媒体创意爆棚,互动 H5、竖屏短视频、移动直播、VR 全景、虚拟现实、线下体验馆等新事物相继出现。

在融媒体迅速发展的大环境下,浙江省也不甘示弱。例如,安吉县融媒体中心自 2008 年起开展智慧城市建设项目和融媒体平台建设,针对过程中出现的问题,先后成立技术公司解决技术难题、研发全国首个县级媒体的手机新闻客户端"爱安吉",并率先提出"新闻智慧+政务服务"的发展理念为新闻赋能。2022 年,广电行业被国家有关部门列为"特困行业",而安吉县融媒体中心却大显身手,取得了一年营收 4.87 亿元的巨大成就。

2018 年,随着三大中央主流媒体中央电视台(中国国际电视台)、中央人民广播电台、中国国际广播电台整合成为"中央广播电视总台",中国媒体迎来了"中国之声"的时代。三台合一,强强联手,在推进广播电视媒体、新兴媒体融合发展的同时,也加强了国际传播能力,向世界发出更强的"中国之声"!

随着科技的迭代升级,各种新兴媒体快速兴起、风头正劲。新媒体已经成为我国公众获取新闻信息的主要渠道。

(一)坚守求真底线,优化创新内容

新闻的"采、写、编、发"就好比"说、学、逗、唱",实事求是是最基本的要求。更严格的审核筛查制度、更坚定的客观公正立场、更强大的自我监督意识,都是守住求真底线的保障。内容是新闻的灵魂,主流价值

则是内容的骨架。为避免出现灵魂单一、骨架"缺钙"的现象，防止内容同质化是第一要务。只有选用贴近实际生活的正面典型案例，运用生活化语言，通过多角度呈现其中的亮点和趣味点，讲好时代大背景下的身边小故事，用主流价值引领用户，吸引群众目光，才能达到新闻传播的目的。浙江广电集团发布的抗疫MV《浙世界那么多人》就以真实亲切的场景、真诚动人的情感成功引起了广大网友的共鸣，收获了5亿播放量，靠优质内容和主流价值成功讲述了特殊时期的浙江故事。

（二）融合科技手段，创新呈现形式

不断迭代的技术为新闻消息提供了更多更精彩的呈现形式。浙江广电集团策划推出的大型融媒直播"放歌"系列，通过"多流域大时段融媒直播＋多栏目融媒系列报道＋多场景电视理论宣讲＋多平台全媒立体传播"，打造出具有广电标识的党的二十大精神宣传品牌。

（三）以人民为导向，发挥创新优势

人们到底想要什么？"海量资源""个性化推荐"的标签如今遍地都是，好像已经成为各大媒体的基本操作，没有独特的优势，自然也得不到用户的青睐。要如何将"流量"转化为"留量"呢？在新时代，传统媒体需要更加关注人的感受，更好地满足当下受众的需求。

在与人民共情上，人民日报的贡献不言而喻。在建军90周年之际，其推出的H5军装照活动，让普通人体验了一把"军旅梦"；在改革开放40周年之际，人民日报还在线下举办了"时光博物馆"活动，用40年的精彩瞬间诠释了"中国有我，时光有我"的主题。还有中宣部组织开展的"新春走基层"系列采访活动，大量记者深入革命老区、边疆地区、沿海侨乡，了解农民、警卫、清洁工、观测员、志愿者等形形色色群体的生活方式，用沾满泥土的鞋底和具有温度的笔杆展现"热气腾腾"的人间场景，让观众仿若身临其境。

三、结语

　　未来，中国的新闻媒体事业也许会有弯路和磕绊，愿所有新闻工作者不忘初心、牢记使命，在未来的征途中继续与人民同生同在、同向同行，在进取中突破、于挫折中奋起、从总结中提高。前路漫长而未知，但光明而敞亮。

　　　　　　　　　　　　　　　　　执笔人：柳亦馨

　　　　　　　　　　　　　　　指导教师：李　芸

缓解毕业焦虑，逐梦正青春

就业是最大的民生。在 2023 年 3 月的全国两会上，就业是代表们讨论的焦点话题之一，多项提案关注毕业生的就业问题，并提出相应的建议。

两会期间，相关部门就就业问题作出积极回应，表示必须进一步突出就业优先导向，压实各方稳就业的责任。从具体实际出发，由于我国灵活就业人员不断增加，规模约为 2 亿人，因此下一步将完善支持措施，健全灵活就业劳动用工和社会保障政策。

一、杭州为留住人才放出了哪些大招？

自 2019 年 5 月落户政策调整以来，杭州为留住毕业生人才以及年轻群体放出了哪些大招？

（一）不遗余力的招才引智政策

一方面，为高校毕业生创业提供有力的政策保障，让人才"留下来"。第一，在创业道路上，符合条件的高校毕业生可申请不超过 50 万元的个人创业担保贷款，并按规定享受贴息；第二，在校大学生和毕业 5 年内的高校毕业生在杭州初次创办三类企业，可按规定申请第 1 年 5 万元、第 2 年 3 万元、第 3 年 2 万元的创业补贴；第三，构建集创业项目资助、场地补贴和创业担保贷款等"一条龙"政策扶持体系。另一方面，作为一个不断注入新鲜血液的活力城市，杭州优待年轻流动人才，把外来年轻群体"引进来"。根据杭州的政策规定，2022 年大学应届毕业生留在杭州的生活补贴标准是：本科 1 万元、硕士 3 万元、博士 10 万元；此外，杭州还面向全球吸引优秀人才，针对高学历人才的落户条件更为宽松，对年轻群体具有很大的吸引力。

（二）高标准的公共服务体系

2022年9月起实施的《杭州市基本公共服务标准（2022年版）》（以下简称《杭州标准》）是杭州以标准化推进基本公共服务均等化的重要成果。与《浙江省基本公共服务标准（2021版）》的基本公共服务项目相比，《杭州标准》增加杭州市特色项目25个，致力于打造全省领先的基本公共服务标准体系。

《杭州标准》致力于打造高标准的公共服务体系，从幼有所育到老有所养，从病有所医到文有所化，都有"标准"兜底。既衔接了浙江基本公共服务标准，又针对杭州实际情况在教育、医疗、就业、生活环境等方面新增和提升了服务内容、服务标准。

其中有多项举措涉及高校毕业生群体，为处在焦虑之中的他们提供优质贴心的公共服务。如在"住有所居"项目中，扩大了公共租赁住房的服务对象范围，增加新就业高校毕业生和创业人员；在"劳有所得"项目中增加高校毕业生就业创业服务，为离校1年内未就业高校毕业生提供就业见习服务，为有就业需求的高校毕业生提供相应的招聘服务和免费的就业指导服务等。

（三）多样化的平台选择

当人们谈起杭州，总是会提及它的年轻、热血、活力。杭州既有"电商之都"的独特魅力，也有阿里巴巴、网易等大型上市公司带给我们的众多机遇，还有浙江大学、西湖大学等高等学府和科研机构的科技文化实力。在杭州，敢闯敢拼的每一个人都拥有无限可能。

2008年以来，以数字经济为代表的一系列新兴产业开始在杭州生根，为杭州带来了新的生机与活力。年轻群体的大量涌入，既带来了众多知名的直播网红、电竞选手，也成就了一批抓住时代机遇的创业者。也许杭州早已"以二线之名，行一线之实"，但不变的是一个又一个年轻人在这座城市让梦想"生根"，创造每一个可能。

有人说，杭州的包容是天生的包容，它不是刻意想要包容你，而是它本身就是如此。在杭州，在浙江，不论是处于毕业之际的大学生、创业的年轻人还是中年群体，有梦想就能创造无限可能。

二、缓解毕业焦虑，浙江怎么做？

杭州是整个浙江的一个缩影。面对日益严峻的就业问题，浙江多地出台相应的就业政策以缓解大学生的就业压力。

2022 年 7 月，中共浙江省委组织部等 17 个部门联合印发了《关于进一步做好高校毕业生等青年就业创业工作的通知》（以下简称《通知》），提出对招用毕业年度高校毕业生并签订 1 年以上劳动合同的中小微企业给予一次性吸纳就业补贴；社区专职工作岗位出现空缺要优先招用或拿出一定数量专门招用高校毕业生；实施浙江省大学生创新创业教育工程和大学生创业支持计划，对在校大学生和高校毕业生初次创业的，按规定给予补贴及优惠政策等。《通知》从扩大企业就业规模、拓宽基层就业空间、支持自主创业和灵活就业、稳定公共部门岗位规模、精准开展困难帮扶等角度出发，针对高校毕业生的实际情况，提出全方位多领域的就业帮扶政策，为毕业生就业提供坚实的保障。

浙江多地因地制宜，将缓解就业压力的举措与当地具体实际相结合，尽可能消除毕业生"毕业即失业"的担忧。

台州市支持高校毕业生到基层从事专职社区工作，首批开发超过 1500 个专职社区工作岗位；杭州市钱塘区全面打造"宜业钱塘"新模式，举办"钱塘校融·百家名企高校行"系列活动，邀请高校学子走进区内上百家优质企业，促成学生就业创业、校企科研平台共建；温州市为解决招聘不便的难题，鼓励全市各级人社部门开通线上直播间，邀请近百家知名企业招聘负责人来到直播间推送就业岗位，与求职者在线对话，让高校毕业生"云体验"岗位实操，直观了解企业各项情况；丽水市首个针对大学生青年群体需求建设的人才公寓——丽水青年"造梦空间"人才公寓正式投入使用，为青年毕业生的就业创业提供了筑梦空间。

三、年轻群体怎么实现与就业的双向奔赴？

就业是一场双向奔赴，在方寸间，未来的无限可能触手可及。

（一）转变就业观，走出自我人生路

当下，传统的就业观念或许不再适合目前的就业环境，返乡就业、山区海岛就业成为当下就业的新趋势。开阔自己的眼界，转变自己的就业观念，不再局限于传统的就业方式，也许能够缓解大学生的"就业难"焦虑，促使大学生不断突破自己的就业边界，看见更大的世界。

（二）锚定未来，提升自身专业技能

专业技能越强，越容易在应聘过程中脱颖而出。青年群体在享受大学生活的同时，要注重对专业知识的学习与积累，明确自己的未来规划。提前了解就业市场的最新动态，学习更多的辅助知识技能，在实践中积累相关经验，提升自己的核心竞争力，选择真正热爱并愿意为之奋斗的事业。

（三）突破自我，培养创新创业能力

大学生群体正处于生命中创造力和精力最旺盛的阶段，具备接受新鲜事物的能力，更容易培养创新思维与能力；大学也为其提供了培养创新创业能力的平台，大学生可以在实践中培养自身的沟通能力、组织能力以及创新精神，为未来缓解就业压力奠定良好的基础。一方面，具备创新创业能力的大学生们在未来就业过程中拥有得天独厚的优势，具备一定的竞争实力；另一方面，具备创新创业能力的群体在面对焦虑与困境时，通常更容易找到创新性的解决方案，从而找到更适合自己的路径。

执笔人：金琳沁

指导教师：吴晓平

静听生命"拔节"的声音

近年来，网络上对于"内卷""鸡娃"等话题的讨论热度居高不下。2023 年 3 月，教育部等五部门联合发文，明确中小学校不得举办或者参与举办校外培训机构，上市公司不得举办或者参与举办面向义务教育阶段学生的学科类培训机构，引发新一轮网络热议。

反对教育内卷，尊重儿童成长的自然规律，是我们所追求的目标。

一、越来越"成熟"的儿童

6 月 1 日是国际儿童节，1925 年，在瑞士日内瓦召开的关于儿童福利的国际会议上，首次提出了"国际儿童节"的概念，旨在改善儿童的生活。

无疑，大多数人在想到儿童福祉时，会将目光投向那些因战乱而在废墟下蜷缩着的孩子们，投向那些因为政治经济动乱而饥寒交迫的孩子们。这些无辜的孩子们固然值得我们怜悯和同情，但笔者以为，如若我们仅仅将儿童权益局限在满足儿童最基本的温饱上，也是一种悲哀。因为，儿童们真正所需要的，绝不仅仅是温饱。

一方面，物质的丰厚让这个时代儿童的生活有了翻天覆地的改变，孩子们在父母和长辈们的全心宠爱下成长，几乎不会为基本的物质需求而担忧。

另一方面，孩子们的身上承载了太多的期望和负担。我们会发现，身边的孩子们好像越来越"成熟"了。

抖音快手上，成年人操控下的孩子们好像生来就知道怎样赢得观众的欢心，怎样扮演"别人家的孩子"。可在他们的眼神中，最宝贵的童真已经消失了。

各大综艺上,出现了太多的"虎爸虎妈"。他们剥夺孩子自己尝试的机会,忽视他们基本的娱乐需求。他们残酷地要求孩子和成人一样,成为标准工业中的螺丝钉。拒绝探索,拒绝挑战,着急地往孩子身上贴各种标签,以获得他们眼中的"成功"。

可是又有多少大人还记得,他们自己曾经也是孩子。就如《允许自己虚度时光》中所写:用一下午的时间看蚂蚁搬家,等石头开花。小时候不期待结果,小时候哭笑都不打折。

又有多少大人还记得,曾经的他们也是多么渴望得到父母的认同,哪怕只是一句夸赞。可当他们成为父母的时候,却如此吝惜自己的夸奖。

他们望子成龙,他们不苟言笑,他们不接受孩子的失败,他们是如此狂热地追逐那一套社会的范式模板。

于是,孩子们就这样糊里糊涂地长大了。他们实在太不幸运,还没来得及拥有独立思考的能力,便被灌输了太多不该属于他们的观点。渐渐地,他们学会了主动放弃自己的童真,学会了用成人的标准来审视自己。他们开始固执己见,甚至发自内心地相信他们认为的就是真理。

大多数家长们并非没有看到孩子们的痛苦,但他们认为自己也无力改变,因为他们坚信,自己所做的一切都是为了孩子的将来,"现在吃不了读书的苦,将来就要吃生活的苦"。

二、幸福童年是一个人最好的生命底色

可是这样长大的孩子,就真的能如他们父母所愿,在"吃得苦中苦"后,过上幸福的生活吗?

北京大学学生心理健康教育与咨询中心副主任徐凯文在一次演讲中指出:"一些孩子有强烈的孤独感和无意义感,他们从小就是最好的学生、最乖的学生。他们也特别需要得到别人的称许,但是他们有强烈的自杀意念,不是想自杀,他们只是不知道为什么活下去,活着的价值和意义是什么。"

生活中总有一些沿途的风景,让你我一辈子难忘。也许是清晨乡村的

薄雾,是倾泻在操场上的月光,是和最好的朋友一起在家门口追逐嬉戏。童年是一个人生命的底色,是一个人一生中最快乐的时光。在今后的人生中,我们很难再这样纯粹,这样全心全意地投入一件事中,很难找到这样放空自己的时光。

幼时,人们不断找寻着自己生命的意义。随着岁月的流逝,童年的记忆也许会变得很模糊,但童年最纯粹的情感认知,早已在不知不觉间进入每个人的潜意识,在荆棘丛生的人生道路上,温柔地保护着我们,给予我们勇敢与力量。

一个幸福的童年无疑是一个人最好的生命底色。因此,才有了那句话:"有的人用童年治愈一生,有的人用一生治愈童年。"

而今,我们已经越来越难看到在房前屋后嬉笑打闹的孩子们了。现在的孩子们每天不再忙着收集七彩的玻璃珠,在歌词本上贴满花花绿绿的贴纸,他们奔走于各大儿童培训机构,学习各种各样的技能,生怕"输在了起跑线上"。

他们错过了这世上太多的美好,于是便以为这个世界上本就不存在美好。他们不知道该去哪里找寻自我,甚至感觉自己好像是在为了别人活着。他们情绪低落、兴趣减退、快感缺失,在焦虑和抑郁的情绪中艰难度日。

他们的履历满了,可是他们的心却空了。

我们似乎都太追求一个结果,忘记了孩子的成长本就应该在过程中追寻意义。我们似乎都火急火燎地去揠苗助长,却忘了给予他们"润物细无声"的滋润。

为什么,我们不能耐心等待孩子们成长?

为什么,我们不能静听生命"拔节"的声音?

现代生活的节奏愈来愈快,在钢筋水泥的丛林中难得喘息的我们,不要忘了生活的魅力本来就在于庸碌的日常,琐碎烦扰,烟火俗常,四季风景,人海潮落。

多少人在承认自己平凡的同时,依旧毫无保留地热爱着生活。因为生活本就是那样富有诗意,那样细腻暖人。人的生活中不只有工作和学习,还有油菜花盛开的田野,有发出隆隆声的绿皮火车。我们可以在闲暇的时光里,探索自我,找寻自己喜欢的东西,探索生活的意义。

对于我们满心呵护的孩子们,我们是否可以更耐心一些,等待他们的"花期"悄然临近?我们又是否可以多给孩子们一些时间,允许他们用自己独有的童心来思考问题,坦然面对他们在成长中不可避免的一些小错误?

正如《百年孤独》中所写:"只有用水将心上的雾气淘洗干净,荣光才会照亮最初的梦想。"

三、让孩子拥有一个更自由的童年

在葆有童心的人眼里,世上的一切都是美好的,都是值得爱的。他们能在世俗的束缚下,在世故的眼光中,轻松地找到自己的生活。他们对人真诚,从不矫揉造作,他们对事热忱,不计较一时的利弊得失。

童心不是幼稚,童心是看透人世繁华苍凉,依旧满眼纯粹,是历经人间险恶,归来依旧眉眼盈盈。

只有葆有童心的人,才能在物欲横流、暗礁丛生的社会中,始终保存着自己初心的火种,找到自己前行的方向。

如果你仔细观察儿童的眼睛,你会发现,在孩子们稚嫩清澈的眼睛中,有着一种与生俱来的勇敢和幽默,他们敢于挑战这个世界的权威,敢于同这个世界开玩笑。

他们从不敷衍自己,他们不认为这个世界上所有东西呈现出的样子都是理所应当的,他们喜欢刨根问底,希望透过现象发现事物的本质。

他们不停追问,不断寻找答案。他们从不对这个世界感到厌倦,因为那一颗最质朴最炽热的童心在告诉着他们,这个世界值得热爱,值得探索。

有些人成长为科学家、成为宇航员、成为创新者,用他们的力量改变这个世界。

让孩子拥有一个更自由的童年,并不是对孩子放任不管,而是尊重孩子成长的规律,允许孩子在成长的过程中探索生命的喜悲。花开有期,但花期不同。让孩子们学会在过程中追逐意义,与其揠苗助长,不如学会适当放手，静听生命"拔节"的声音，静待孩子未来人生的一路繁花。

童年的岁月会如流沙般从每个人的指间缝隙中溜走，但正如席慕蓉所写的那样，"记忆是无花的蔷薇，永远不会败落"，一串串通红的冰糖葫芦，满含甜味的麦芽糖，墙壁上身高印记从矮到高，储蓄罐里的硬币积少成多，都是我们的童年，都是我们哪怕回忆过一遍又一遍，但仍然能让我们开怀大笑的东西。

"池塘边的榕树上，知了在声声叫着夏天。"

知了叫的不仅是夏天，更是我们的童年。

执笔人：杜雯萱

指导教师：张李锐

文化篇

从"心"出发，邂逅阳明

在富饶的浙东平原上，有一座山明水秀的江南小城——余姚。这里自古人杰地灵，享有"东南名邑""文献名邦"等美誉。阳明先生的故居坐落于林木葱茏的龙泉山北麓，即便经历了数百年的风雨磨砺，但它依然静立于小城中心，等待有心人的到访。

一、奇幻出生，天纵狂才

从庄严而美观的"新建伯"石坊中穿过，石坊后的"王阳明像"赫然矗立，他一身文人装束却身佩宝剑，神情既像是沉思，又仿佛带了一丝笑意，尽显英明豪迈。

故居粉墙黛瓦、庭院错落，一条古朴的石板路直通大厅。抬头可见厅前高挂的"真三不朽"匾额，厅内另有一副楹联，写着"立德立功立言真三不朽，明理明知明教乃万人师"。

有人评价，历史上做到"三不朽"的只有两个半人，其中之一便是王阳明。于德，他先天下之忧而忧，清廉正直，鞠躬尽瘁，对亲友学子都以真心待之；于功，他开化龙场百姓、改革庐陵税制、平定南赣山贼；于言，作为心学的集大成者，他提出的"心即理""知行合一""致良知"等思想，在中国乃至世界哲学史上都占据重要地位。

大步往前走去，去往瑞云楼，这是王阳明出生的地方。瑞云楼重檐硬山、恢宏大气，王阳明的童年与少年时光都是在这里度过的。关于"瑞云"二字还有一个神奇的故事。

相传王阳明的生母怀胎十四个月却迟迟没有生产。一日，她的婆婆梦见明艳的阳光破空而来，天上祥云缭绕，诸多神仙身着绯红色的衣服击鼓吹箫，乐声悠扬。只见其中一位仙人怀抱一婴儿，脚踩瑞云徐徐而来。"瑞云楼"由此得名。

王阳明的幼年也不同寻常，五岁才会说话，但一开口便语出惊人。他过目不忘、妙语连珠，字句皆不落窠臼，令人惊叹。十二岁时，狂放不羁的小阳明便以读书做圣贤为天下第一等事，自此在曲折与颠沛中践行、思考与探寻，成就自己的圣人之志。

细赏瑞云楼中陈列的旧物，王阳明的奇幻经历一一浮现在眼前。

王阳明自幼就展现出卓越的文字才能，勤学辞章，狂言"文章小事，何足成名？"；曾研读兵法、舞刀弄枪、关心边疆事务；也曾做过侠客，腰佩宝刀考察三关，"慨然有经略四方之志"；十七岁迎娶诸氏，却在新婚之夜出走道观，入定坐禅；弘治十六年（公元1503年）于杭州养病，治愈王阳明心灵的是脱离尘世的清幽寺庙，梵音袅袅，如一剂良药抚平其躁动的心。

二、文武双全，千古完人

"初溺于任侠之习，再溺于骑射之习，三溺于辞章之习，四溺于神仙之习，五溺于佛氏之习。正德丙寅，始归正于圣贤之学。"这是王阳明的好友湛甘泉对他的评价。然而，"阳明五溺"并非弯路，而是王阳明体悟心学必要的人生储备。

官场沉浮带给王阳明的是挫折和疲惫，但他始终担负起肩上的责任。

于百姓而言，他是为民作主的父母官。被贬龙场（今贵州省贵阳一带）时，他积极与当地人交往、共同劳作、传授先进技术，深受当地人拥护与爱戴；担任庐陵县（今江西省吉安市）县令时，他教化百姓、整顿民风，十余篇《告谕庐陵父老子弟》言辞真切，动之以情，晓之以理。王阳明的步履所到之地，就是仁政与善制的落实之处。

当王阳明掌握军权时，他又展现出叱咤三军的豪杰形象。在南赣破贼剿匪时，王阳明展现了极高的战略手段和军事思想；在平定宁王之乱时，王阳明雷厉风行，运筹帷幄，运用自己的力量与智慧平定了叛乱。

三、跨越生死，悟道讲学

王阳明为学三变，先"泛滥于辞章"，之后学朱熹"格物穷理之学"，后又"出入于佛老"，最终在贵州龙场悟出"格物致知之旨"，找到了为学为圣的方法和路径。

展厅中"龙场悟道"的打坐石像庄严肃穆，双目紧闭，凝神聚气。龙场悟道是王阳明心学的起点，那时他才真正跨越心中的生死藩篱，并构建起"知行合一""致良知"的基本理论框架。

悟道后，王阳明在贵州正式开始讲学。山林幽径中，他一边漫步一边向弟子传道授业；皎皎月光下，他一袭长衫，与弟子饮酒抚琴；木屋窗台旁，他批阅弟子文章，时而皱眉，时而颔首……此后，他走到哪里，讲堂就开到哪里。

国学大师梁启超曾盛赞王阳明："阳明先生，百世之师。"

王阳明的思想可以总结为四句话，即无善无恶心之体，有善有恶意之动，知善知恶是良知，为善去恶是格物。这些是王阳明在切身实践中体悟出的"道"，也是他一再向弟子传授、灌输的真知。

四、从"心"出发，反观自照

虽然距离王阳明的时代已经过去了数百年，但是"心即理也""知是行之始，行是知之成""破山中贼易，破心中贼难"等富有哲理的语句如今依旧广为流传，彰显了其跨越时空的永恒价值。

王阳明的心学不仅是中国传统文化中的精华，也是增强中国人文化自信的切入点之一。先贤早已随风逝去，但其精神文化始终熠熠生辉，激励着一代又一代人坚定志向，勇毅前行。

当越来越多的学者走进王阳明的世界，越来越多的学子穿上"知行合一"的校服，越来越多的旅客重走王阳明所走过的道路，这不仅是我们进入其精神世界、体悟圣人之道的绝佳时机，也是我们去骄去躁、发现本心的良好机会。

"种树者必培其根，种德者必养其心。"愿我们在纷杂的世界中锤炼自我，获得更加沉稳、更加富有生机的内心力量！

执笔人：黄思洁

指导教师：李　芸

从二次元到元宇宙：城市背后的创新魅力

"杭州动漫节上的汉服小姐姐太美啦！"

2022年11月，第十八届中国国际动漫节在钱塘江畔举办，现场各种灵动绚丽的造型服装随处可见，其中不乏衣袂飘动、环佩叮当的汉服，可谓国风味十足！

这一次，"十八岁"的中国国际动漫节，用数字赋能这一全新竞争力，让所有观众眼前一亮。元宇宙、数字人、3D云等富有科技感的新概念、新应用相继亮相，让人们看到了浙江动漫游戏产业的新机遇、新挑战。

回看近些年，从提出目标，到经年沉淀，再到领跑全国，浙江始终秉承创意创新的发展理念，以高效的产量为目标，以优质的内容为载体，以独特的浙江模式为依托，推动浙江动漫游戏产业向中国、向世界展示自己的强劲实力。

未来，浙江将积极从二次元向元宇宙转型，在互联网生态圈中走出一条属于自己的康庄大道。

一、生根，从零起步打造金名片

回顾历史，浙江早在十八年前就看准了动漫游戏这一先导性产业，不断创新，做优做强。

2005年，浙江省杭州市明确提出打造"动漫之都"的目标，此后《关于进一步鼓励和扶持杭州市动漫产业发展的实施意见》《关于推进杭州市动漫游戏产业做优做强的实施意见》等政策的出台，有力地促进了动漫游戏产业的发展。

2005年，第一届中国国际动漫节的举办，使杭州成为中国首个举办国家级国际性动漫专业节展的城市，这既是浙江动漫游戏产业发展的一次巨大飞跃，也预示着"动漫游戏"成为浙江一张新的对外名片。

确定目标后，浙江的动漫游戏产业发展迅速，孕育出了全国动漫领军企业——中南卡通，全国首家A股主板IPO上市游戏公司——电魂网络，创业板上市、国内领先的互联网消费互动媒体——华策影视。数据显示，2020年杭州市的动漫游戏产业产值达到258.9亿元，杭产动画被国家广播电视总局列入推优目录的数量居全国各大城市第一，足见我国动漫游戏产业发展中浙江力量之强大。

同时，浙江良好的动漫氛围、优越的政策扶持条件，吸引了许多动漫游戏领军企业和重磅项目。"抓住机遇，走在前列"，浙江秉承实干的作风，坚持包容的态度，不忘创新的理念，不断超越过去，把握当下！

二、开花，融合发力夺取制高点

当今时代，经济与科技发展突飞猛进，从扬起"动漫之帆"到建成"动漫之都"，从产业起步到领跑全国，浙江是如何抢到动漫游戏产业的制高点的呢？

我们不妨来看看浙江在动漫游戏产业领域所取得的成就。

从产量上看，浙江以内容创意为核心，浙产精品佳作频出，位居全国前列。2020年全年，浙江共生产电视动画片77部，时长约3万分钟，占全国总产量的20%，居全国第一。游戏生产也取得了可喜的成绩，2021年上半年，共有592款国产网络游戏过审，其中浙江省共有146款游戏获得版号，占比24.7%，居全国首位。

从质量上看，浙江以文化传播为驱动力，传播中华优秀传统文化，坚持发挥文化强省的示范作用。在中国国际动漫节上，浙江将"弘扬主流价值、激扬文化自信"的责任担当体现得淋漓尽致，不仅通过重点展示主旋律、正能量原创动漫作品以弘扬优秀文化，还推出以"传承自强、铸新辉煌"为主题的中国国风品牌盛典以讲好中国故事，彰显文化自信。

从转型升级上看,浙江不断探索"科技+文创"融合发力,进一步催生新兴业态。

经过十八年的沉淀,动漫游戏产业赋予了浙江全新的城市面貌,浙江也为全国乃至世界的科技文化进步做出了历史性的贡献。

三、展未来,持续创新把握主动权

2022年11月,在浙江乌镇举行的2022年世界互联网大会乌镇峰会,让元宇宙"黑科技"再次出圈,预示这一互联网生态圈的新风口将在未来引领人类社会的进步。

在浙江省虚拟现实产业联盟秘书长纪尧华看来,元宇宙代表人类对生活、工作终极形态的一种畅想。对于元宇宙,虽然人们还处于不断探索的阶段,但可以确信的是,它指引的是一条充满惊喜与期待的未来之路,而这条未来之路,浙江必须踏踏实实地走好!

2022年3月,杭州未来科技城发布"XR(扩展现实)产业计划",扶持百项技术攻关和场景应用项目;同年11月,青田县政府与浪潮信息、谷梵科技签署战略合作协议,三方共建国内首个元宇宙智算中心。此外,浙江多地布局"元宇宙"产业,扶持相关企业。

2022年,杭州市印发《关于推进新时代杭州动漫游戏和电竞产业高质量发展的若干意见》,提出要立足"动漫+""游戏+""电竞+""元宇宙+"融合创新,可见未来的动漫游戏产业需要注入元宇宙的活力,用创新的内容与多样的形态,为"动漫之都""电竞名城"的名片增添新的亮丽底色。

抢占新赛道,才能掌控主动权。浙江看准"元宇宙"这一新机遇,致力于用新科技培育新生态,发展更具特色、更有活力的动漫游戏产业,走出一条富有"浙"里特色的新道路。

四、结语

一步一脚印,一行一进步。从立志发端,到踔厉前行,再到展望未来,浙江在动漫游戏领域创造了一个又一个佳绩。

　　党的二十大报告指出，要坚守中华文化立场，提炼展示中华文明的精神标识和文化精髓，加快构建中国话语和中国叙事体系，讲好中国故事、传播好中国声音，展现可信、可爱、可敬的中国形象。

　　以数字赋能为依托，以文化传承为目标。浙江将继续融合元宇宙等新兴技术，用浙江之力，为中国发声，与世界一起，再创辉煌！

执笔人：王嘉怡

指导教师：邵　鹏

中国动画何以重返巅峰?

2022 年是中国动画诞生 100 周年,我们既看到了《新神榜:杨戬》《山海经之再见怪兽》《冲出地球》《我们的冬奥》等票房与口碑双赢的作品,也看到了在 12 月内地影院票房整体低迷之时,《名侦探柯南》与《航海王:红发歌姬》两部日本动画电影火了一把。当时光叩响 2023 年,春节档徐徐拉开序幕,我们不禁思考:中国动画如何乘胜追击,取得新辉煌?

中国动画最早起源于 1922 年,万氏兄弟制作了一分钟广告动画片《舒振东华文打字机》。2022 年,既是中国动画的第一个百年,也是中国国际动漫节的第十八个春秋。

一、中国动画的底气在哪里?

水墨动画一度成为中国动画的一张世界级文化名片。20 世纪 60 年代,上海美术电影制片厂创作的水墨动画片《小蝌蚪找妈妈》《牧笛》凭借深厚的传统书法和国画功底,精雕细凿"攒"出来的经典,创造了耀眼的辉煌。

五千年文明史是中国动画的最大底气。无论是 1979 年的《哪吒闹海》,2019 年的《哪吒之魔童降世》,还是 2021 年的《新神榜:哪吒重生》,这些影视作品的主角都是取材于《封神演义》《西游记》等文学作品中的"哪吒"形象,并被赋予了智、勇、仁、孝等传统美德,其动人的形象和感人的故事,为世人所喜爱。

从《西游记之大圣归来》《大鱼海棠》到《济公之降龙降世》《新神榜:杨戬》,中国动画将东方神话故事融合精美现代的制作手法,再将中华传统文化所蕴含的精神内核配上水墨画的表现形式、高饱和度的色彩碰撞、中国风的戏曲配乐、传统的剪纸雕刻艺术……中国动画以其极具中国特色的画面,给观众营造了一个中国式的玄幻世界，直击观众心灵。这些作品蕴含着大量的民族文化，是中国坚定文化自信、树立大国形象的力量源泉。

二、推陈出新中的"现代性转化"

中国动画想要重返巅峰，不能止步于复刻原版本的故事，还需要结合时代要求，与同时代人们的精神需求相契合。以中国元素描绘人类共通的喜怒哀乐，用中国美学讲好中国式现代化的故事。

中国动画不仅要从中华传统艺术宝库中汲取养分，更要深刻理解中国传统哲学的思想精髓，将古典、现代、美学融为一体。把中华美学精神用"动画"塑形和铸魂，演绎成精彩的"影像表达"，这是整个行业努力的方向，其所反映出的技术思维、产业模式、人性诉求，无不体现出一个"现代性的转化"。

《哪吒之魔童降世》无论是对故事情节还是人物形象，都赋予了新的价值、新的理解。《哪吒之魔童降世》调整了哪吒的家庭关系，父母终日以斩妖除魔为己任，冷落了孩子，影射当下社会的家庭现状。在人物形象的塑造上，《哪吒之魔童降世》则结合烟熏妆等现代元素，打造了一个"我命由我不由天"的叛逆、具有现代思想的哪吒形象，让观众产生强烈的情感共鸣。

在情景设计和剧情内容方面，最让人眼前一亮的还属新神榜系列。《新神榜：哪吒重生》中的机车青年，《新神榜：杨戬》中的帅气落魄战神，都与原著中的人物形象有所不同。

2020年的网络动画片《雾山五行》，被视为水墨动画在数字时代重生的标志。它没有使用时下最流行的3D效果，而是采用中国传统的水墨画风格，用电影动态美学和国风静态美学构成真正的中国动画画风。

在推陈出新中，无论是传统文化的美感，还是天马行空的想象力，都被隐藏在细腻的画面细节里。绝美的视觉效果不仅惊艳了观众，也激发了观众对中国传统文化的兴趣。

三、重返巅峰的定力

"中国动画崛起"的热血口号被一次次喊出，但中国动画不仅要崛起，还要重返巅峰。我们所需要的也不仅仅是一腔热血,还有重返巅峰的定力。

(一)定力来自十余年的坚持

2005 年,第一届中国国际动漫节诞生,集聚了现金流、人才流、信息流和技术流,为中国的动画产业提供了发展土壤。

当下,杭州以"品质化提升、数字化改革、精准化供给、融合化发展、多元化驱动"五化联动为路径,重点推进动漫精品打造、游戏生态建设、电竞弯道超越、产业融合发展、出海平台构建、专业人才引育六大工程,朝着打造"国际动漫之都"的目标不断奋进。

作为全国 9 个产业基地中唯一一个以科技园区命名的动画基地,杭州高新区国家动画产业基地为我国动画产业培养了一批具有国际竞争力的规模企业。目前杭州已有 350 家动画企业。

在杭州的带动下,浙江的动画产业进入了发展快车道。2020 年,浙江生产电视动画片 77 部,时长约 3 万分钟,占全国总产量的 20%,居全国第一。此外,2020 年度获国家广播电视总局季度推荐播出的 48 部优秀电视动画片作品中,浙江有 10 部作品入选,居全国第一。

(二)定力来自优秀的创作人才

在动画创作领域,创作人才是促进中国动画重返巅峰的动力源。一部好的动画作品离不开优秀的团队。

为了给中国动画发展提供更多新兴力量,2021 年 5 月,腾讯视频联合多方力量共同发起"中国青年动画导演扶持计划"。该人才培养计划旨在为青年导演、高校学生等提供技术支撑与经济援助。

优酷推出的"星光计划"和"一千零一夜"人才培养计划也在以平台之力推动中国动画产业的发展,通过鼓励青年人才原创动画,为中国动画重返巅峰装上新引擎、注入新动能。

中国动画在众望之下终究会踏上"王者归来"之路!

执笔人:周沈倩、赵文哲

指导教师:李 芸

"浙"里知，味生活

　　杭州被人吐槽为"美食荒漠"，甚至有网友调侃杭城的美食代表是"肯德基""巴比馒头"。然而，我们对杭州美食的注意力不应该只停留在一众餐饮连锁品牌上，诗画江南的地道烟火气也值得寻觅。杭州市所在的浙江省，可以称得上是中国餐饮类型最丰富的省份。"浙"里美食丰富多彩、包罗万象。

一、富饶"浙"里的精致美食

　　江南是富庶之地、鱼米之乡，高门大户数不胜数。"东南形胜，三吴都会，钱塘自古繁华"，柳永笔下的"浙"里尽显美丽富饶、王者之风。

　　南宋以来，江南逐渐成为全国的文化和经济中心，不用为生计发愁的"浙"里人也将一腔热情用在了美食开发上。

　　浙江位于中国东部沿海地区，景色宜人，物产丰饶。追求品质生活，敢于尝试创新的浙江人对菜品也有着独特的标准和要求。浙菜是中国八大菜系之一，它由浙江多地风味组成，菜式讲究小巧精致，菜品鲜美滑嫩、脆软清爽。南北风味的交汇融合，使浙江菜的烹调技术精益求精，独树一帜。浙菜不仅烹调细腻，配菜巧妙，还非常讲究装盘形态。浙菜以细腻多变的刀法和淡雅的配色，深得国内外美食家的赞赏。茶香馥郁的龙井虾仁、色泽红润的东坡肉等都是浙江的独特美食印记。

　　冬日里，泡一壶茶，点几份小菜，热茶暖身，小菜暖心。在微醺中看夜幕降临，看摇橹船在西湖慢慢前行，临窗听雪，畅谈人生，细细品味每一道浙菜，感受"浙"里的美食文化，别有一番滋味。

二、美食故事"荟"，文化"咏"流传

浙江菜魅力十足，文化底蕴深厚。每一道菜弥漫的香气都在诉说着其背后的故事，回望着属于它们的历史。

南宋吴自牧的《梦粱录》在谈到"杭城市肆各家有名者"时，就提及"钱塘门外宋五嫂鱼羹"，可见宋嫂鱼羹有着不同寻常的知名度；东坡肉酥烂而形不碎，香糯而不腻口，不仅体现了苏轼的智慧与巧思，更体现了苏轼有一颗热爱美食的心；享有绍兴"菜中皇后"之誉的清汤越鸡，鸡肉白嫩，骨质松脆，利用原汁清炖，味鲜爽口，清朝皇帝乾隆游绍兴时吃过此菜，连声称好……

美食与食客味蕾的交融，仿佛一场穿越千年的相遇。浙菜会讲故事，传承经典文化，尽显百味人生。

在"浙"里，餐饮企业在技艺的传承与创新中传递文化底蕴。

1913年诞生于西子湖畔的百年老字号品牌"知味观"素有"知味停车，闻香下马"之美誉。作为浙菜的代表品牌，知味观是商务部首批认定的中国十大餐饮品牌企业，也是杭城颇具知名度的餐饮企业之一。

如今，知味观也在尝试迎合更多食客的口味，深入探寻"浙"里的知味生活，满足人们对精致餐饮生活的追求，让食客在品尝美食的同时，体悟先人留下的文化、礼仪和风俗。

三、品"浙"里美食，习浙江精神

浙菜在立足传承传统经典的同时大胆引进各地精华，汇集全国山珍海味，推出适应市场的创新菜。例如知味观开发龙井问茶、蟹酿橙等创意新品。时尚餐饮品牌绿茶餐厅经过不断的改良、引进及创新，结合南北消费观念，拥有港式烧腊、粤式小炒、时尚点心、粥粉面、西式甜品等各式菜品。

当今的餐饮行业竞争激烈，越来越多的跨界入局者和不断涌现的新型业态，加剧了餐饮行业的竞争，使得餐饮市场更加分散。而勇于创新、务实进取的浙江人以及浙江餐饮行业的从业者，他们懂美食，懂生活，更懂人心，总能深入百姓生活，用美食治愈人心。

在"浙"里，你可以品尝到十几年如一日，不曾涨价却内馅丰富、香气扑鼻的知味大包，松软白净的面团里凝聚着企业的责任感与情怀。

同知味观一样，"五芳斋""翠沁斋""邵永丰"等浙江老字号品牌也都在立足新时代、锐意进取的路途上坚守社会责任，注重食品安全，诚信经营。他们代表的不仅是企业形象，更是城市形象、浙江形象。

在"浙"里，你也可以感受到餐饮连锁品牌的精致审美与企业担当。

作为中国餐饮平民快时尚的代表，外婆家打破了食客对餐厅环境的固有印象，每家门店在装修设计上各具特色，给食客留下深刻的视觉印象，使食客通过平价的菜品，也能获得良好的用餐体验。

出于对餐饮品牌的坚守和管理制度方面的考虑，新白鹿餐饮以一种缓慢而稳健的脚步发展，稳扎稳打，树立良好品牌形象，用真诚与真心打动食客，这在如今竞争激烈的餐饮市场中，是一种难能可贵的精神。

浙江餐饮善于在摸索中创新，奋勇向前；许多餐饮企业在遭遇行业寒冬时坚韧不拔，砥砺前行，怀揣初心，肩负使命，最终找到了适合自身发展的成功路径。究其原因，就在于汲取文化的力量，在于浙江深厚的文化底蕴，在于浙江人"自强不息、坚韧不拔、勇于创新、讲求实效"的人文精神。浙江精神，给予浙江餐饮企业更多的勇气与动力去改革、去创新，从而为全国餐饮企业树立了榜样。此外，美食文化的发展也给浙江精神注入了新的活力，给当下的浙江经济文化生活增添了别样色彩。

四、结语

浙菜源于生活，它诞生于人间烟火气中，行走在江南的淅沥小雨里，荡漾在点点碧波中。在浙江，不论是街边小馆还是品质餐厅，浙菜都有独到的呈现，清新淡雅，精致脱俗，它让生活返璞归真，用最纯粹的味道诠释生活本味，诠释浙江文化、浙江精神，一切都恰到好处。

执笔人：余楚凡

指导教师：邵　鹏

一把剪刀"质造"的"红帮"理想

"红帮"裁缝发轫于清末民初的宁波,作为当时最早与国外通商的口岸城市之一,不少宁波裁缝曾为外国人裁制过服装,"红帮"之名由此而来。"红帮"裁缝因技艺精湛而扬名,开创了中国近代服装史的辉煌篇章:做出了第一套西服、第一套中山装,开设了第一家西服店,出版了第一本西服理论专著,开办了第一家西服工艺学校。

仅仅凭借一把剪刀,"红帮"裁缝为何能够脱颖而出?

一、顺应时势的"红帮"裁缝

1840年鸦片战争之后,中国社会发生了根本性变化。战争虽然打破了传统社会的原有格局,但也为中国近代化创造了条件,这意味着诸多传统行业的发展成为可能。"红帮"裁缝正是在这样的历史背景下诞生的。

"参天之木,必有其根;怀山之水,必有其源。""红帮"裁缝并不是无根之木,无源之水。清末民初,西式服装传入我国,国民服装开始多元化发展,中国的传统服装业受到了前所未有的冲击。作为当时最早与国外通商的口岸城市之一,宁波拥有得天独厚的地理优势,风气较为开放,于是也出现了一波"西装热潮"。聪明能干的宁波裁缝们正是抓住了这个千载难逢的历史机遇,逐渐形成了以宁波当地裁缝为主体的西服行业群体,"红帮"裁缝应运而生。

作为中国历史上一个较为成熟的手工业群体,"红帮"裁缝在数十年的不断实践中总结积累了相当丰富的经验。他们听取他人意见,通力合作,形成了一整套独特的传统技术,即关于西式服装制作的"四功""九势"和

"十六字标准":"四功"是指刀功、手功、车功、烫功;"九势"指胁势、胖势、窝势、戤势、凹势、翘势、剩势、圆势、弯势;"十六字标准"则指平、服、顺、直、圆、登、挺、满、薄、松、匀、软、活、轻、窝、戤。"红帮"裁缝凭借代代相传的技艺在竞争激烈的市场中打下了属于自己的一片天地。

"红帮"裁缝之所以能够取得如此傲人的成绩,很大程度上是因为他们能够迅速把握发展机遇,运用自身优势,将一些独特的传统文化内涵融入西式服装中,开启了中国服装的现代化之路。虽然行业发展已有上百年的时间,但"红帮"裁缝们仍在坚守、传承。即便在今日,"红帮"先辈们对于服饰的创新和传承,仍让后人受用不尽。百年红帮史,是中国近代服装改革者的创业史。

二、以工匠精神写时代传奇

如果说服装界还有人能秉持匠人之心,那一定非"红帮"裁缝莫属。

定制一件西服,"红帮"先辈们从来不照搬照抄西方的技术工艺,而是有选择性地学习并创新,使之适合中国人的身材特点、穿衣习惯、审美风格,从而创造了独具特色的海派西服。不同于传统的西服紧贴身体,海派西服更加适体宽松,能够体现中国人大方、雍容的民族性格。"红帮"裁缝还为身体畸形、有残疾的人制衣。无论任何人,"红帮"裁缝都能为他们做出满意的服装。

"红帮"先辈们抓铁有痕,踏石留印;他们脚踏实地,不断实践,同时用心总结、思考。在"红帮"裁缝的发展过程中,涌现出许多"世家"。他们世世代代勤勤恳恳,在全国乃至世界各地虽历尽艰辛,却依旧专心一意,始终固守本业,一生只做好一件事。

"红帮"裁缝就是如此,以高端定位、精湛手艺赢得市场,精益求精、推陈出新。这种工匠精神,已经融入一代代传人的血液中。

"红帮"精神文化底蕴深厚,活力无限。在中国近现代服装历史中,"红帮"裁缝扮演着开拓创新的重要角色,创造了"敢为人先、精于技艺、诚信重诺、勤奋敬业"的"红帮"精神，已经成为当代"红帮人"甚至整个中国服装历史中的思想底蕴和文化灵魂。进一步说，"红帮"精神从来都不是死板孤立的行业条规，它秉承中华民族传统美德，并在一定程度上反映了社会主义新时代对于先进文化的诉求和价值取向。

三、名扬四方，乐为天下人制衣

摆脱了安土重迁的传统保守观念，"红帮人"放眼世界，乐于为天下人制衣。他们依靠积累的实践经验和工匠精神，在传统特色的基础上，融合时代先进文化，让"红帮"裁缝技术与世界接轨，使"红帮"服装在国际服装界站稳了脚跟。

宁波装，妆天下。作为"红帮"裁缝的诞生地，四十多年前，宁波借着改革开放的东风，纺织业、服装业得以迅速崛起。20世纪末，宁波创建了我国首家服装专题博物馆，举办了第一届宁波国际服装节，而后又建立了宁波第一所服装高等学府。21世纪初，宁波已经成为中国服装的最大制造基地和出口城市。一些当年的小型乡镇服装企业，如今已经一跃成为我国服装业的领头羊。多国元首都以穿"红帮"裁缝制作的中山装为荣，许多来华访问的友好人士也都慕名找"红帮"裁缝制作服装。他们或穿上中山装参加各种重要活动，或将服装作为珍贵的纪念品加以收藏。

"红帮"裁缝不仅是一个做出重要贡献的社会群体，还是宁波城市的一张金名片。

当年几架简单的缝纫机，现如今都换成了国际一流的机器设备，先进的机械化大生产逐渐取代了传统的手工西服制作工艺，新时代各类服装品牌不断涌现、声名鹊起。许多人认为，当年红帮老字号的影响力正在逐渐消退，成为历史。其实不然。今天的"红帮工艺""红帮精神"正以它独有的吸引力影响着一代又一代的"红帮新人"，老红帮的精巧工艺和文化精神在"红帮新人"的身上延续。其意义在于，由一群"红帮"先辈们开辟的道路，在当代"红帮新人"的诠释下，焕发出新时代的魅力，在传承、弘扬中华民族优秀文化的历史过程中，日益显示出巨大的价值。

四、结语

如今，新一代的"红帮"传人正以一丝不苟的工匠精神，重新定义"浙江制造"，重新定义"中国制造"，赓续时代变革下"百年红帮"的现代传奇！

执笔人：周新雨

指导教师：张李锐

影视产业为何在"浙"里集聚？

2022 年 12 月，一部被全球电影市场盼望了一整年的《阿凡达：水之道》在国内上映后，遭遇票房大跌、口碑下滑的窘境。截至 2022 年 12 月 22 日，其国内总票房终于达到 5 亿元。

2022 年国庆期间，横店影视参与出品的《万里归途》以一骑绝尘之势，点燃国内电影市场，口碑票房双双逆袭。

仅针对电影本身，票房和口碑是可用以评价电影的关键要素，但若放眼整个影视文化产业，其评价要素可谓庞杂多元。为此，横店影视文化产业集聚区管理委员会、清华大学、浙江工商大学三方以影视产业集聚的"横店"为研究对象，联合编制了"横店指数"，下设 18 个一级指标、52 个二级指标，对横店影视文化产业的发展进行观察，并试图反映影视文化产业综合发展状况。

横店集团是如何打造影视产业链的？又是怎样做到让影视产业在"浙"里集聚的呢？

一、横店历史：影视拍摄的集聚之路

20 世纪 90 年代中期，全国特大型民营企业横店集团提出"开发文化力，促进生产力"的思路，投资兴建文化村、影剧院、纪念馆等设施，吸引了不少人才和旅游者，但是发展仍然不温不火。

1996 年，横店集团发展出现了方向性转机。在著名导演谢晋筹拍历史巨片《鸦片战争》时，横店集团斥资修建了第一个影视拍摄基地：广州街，国内大批游客蜂拥而至，围绕影片拍摄的群众演员组织、住宿餐饮等迅速发展。此后，横店集团陆续建成秦王宫、香港街、清明上河图、江南水乡等景区。1999年，美国杂志《好莱坞报道》称横店影视城为"东方好莱坞"。

2000年，在横店影视城拍摄的剧组数量开始爆发式增长。横店影视城颁布相关政策，规定影视城所有场景对影视拍摄剧组免收场租，并为其提供从场景搭建、道具制作、演员中介到餐饮、住宿等系列配套服务。如此优渥的拍摄待遇吸引海内外剧组纷至沓来，横店影视城一跃成为亚洲最大的拍摄基地，最多时一天18个剧组同时拍摄。横店影视城逐步实现了产业化经营，也带动了横店集团相关行业的快速发展。

2004年，横店影视城开始进入产业升级阶段。2004年2月，国内首个国家级影视产业实验区落户横店，横店影视城凭借实验区的专业化、集约化、规模化优势，迅速扩大经营规模，拉长产业链。横店影视城连续建设多个大型影视基地，兴建拍摄影棚，亦与浙江传媒学院联合培养影视人才，并海纳一批知名的影视机构。此外，横店影视城提出要实现"拿着本子进来，带着片子出去"，甚至"拿着资金进来，带着效益回去"的发展目标，并提出要构建完整的影视旅游产业链。

二、横店当下：影视产业链集聚勃兴

横店影视产业整体发展态势相对平稳。2022年第三季度，反映产业集群综合性整体状态的"综合指数"为103.31，环比增长1.18%，同比下降1.19%。

各资源要素汇聚，"溢出效应"显现。2022年第三季度，集聚区指数为112.64，环比增长1.71%，同比增长5.10%，发展态势向好。在细分维度上，集聚区基础设施指数、作品规模指数、人才规模指数较2022年第二季度均有不同程度的上升，其中基础设施、人才规模同比分别上升13.5%和20.53%。具体而言，一方面，在基础设施方面，横店第三季度接待了80余个剧组进驻拍摄，更有9个剧组在横店同日开机，容纳量突出。另一方面，在人才规模方面，得益于高剧组容纳量以及不断增加的企业入驻数量，横店对人才的吸引力有效提升，人才长效机制作用明显。

三、横店未来: 影视人才与新业态联合集聚

国以才立,业以才兴。在广泛招本地人才与外来人才,精准培育本土影视人才,进而为国内影视行业打造人才"蓄水池"之外,横店集团多措并举,积极发挥影视文化产业龙头的影响力和辐射力。对外,汲取外国有益经验,持续推进人才体系标准化建设,并着眼于完善精准服务,改进管理服务模式;对内,推动本地多元化人才资源转化,吸纳能工巧匠充实影视产业人才资源库;此外,横店集团鼓励熟悉金华历史文化传统的乡土文化人才参与影视文化产业发展,为本土IP影视化开发提供人才支撑。

除人才支撑以外,特色出品、技术赋能均能推动横店影视文化产业欣欣向荣。

在特色出品方面,横店集团坚持讲好中国故事、推动中国文化出海的初心,着力形成"满屏皆精品"的良好态势。第35届中国电影金鸡奖,横店影视旗下浙江横店影业有限公司出品或联合出品的影片共获得16项提名,夺得7项大奖,包揽最佳男主角奖和最佳女主角奖。

在技术赋能方面,横店集团真抓实干求突破,基地建设从建大建全走向建优建强。其借助技术、数字化改革创新内容建设,加快谋划打造以精品创作生产高地、改革创新高地、数字变革高地、精神文明高地、国际传播重要窗口等"四高地一窗口"为特色的影视文化创新中心,全力抢占影视文化产业未来发展制高点。截至2022年,"横影通"注册人数超过10万,积累的产业数据超过1.3亿条。

四、"浙"影集聚,百花齐放

一花独放不是春,百花齐放春满园。除了龙头老大"横店影视城",浙江还有许多新兴影视产业园正蓬勃发展,迸发影视集聚之力。

一是地方需求推动视听产业集聚。温州广电网络视听产业园,依托数字化技术和人才基础推广温州区域品牌,推动平台经济发展。

二是天然地理资源推动影视产业集聚。宁波象山凭借独特的海景风光、优良的生态环境以及较大的区域腹地面积打造象山影视城,热播剧《长安

十二时辰》《琅琊榜》《芈月传》均有场景在象山影视城拍摄。

三是政策支持推动影视产业集聚。中国(之江)视听创新创业基地获批成为浙江省首个国家级网络视听产业基地(园区),为浙江省数字文化产业增添新动能。浙江(金华)网络视听产业基地依托互联网技术服务,打造数字创意产业新高地。

四是高新技术推动影视产业集聚。作为全国传统视听行业的龙头单位,浙江广播电视集团和华数集团,依托浙江的高新技术、强大的资源整合力和人力优势成功转型。浙江广播电视集团投资兴建浙江国际影视中心,集传统视听节目制作和直播电商于一体,立足浙江,辐射全国。由华数集团出资建造的华数白马湖数字电视产业园,用技术创新和智慧化的运行模式,构建了融传统广电媒体服务和新型信息服务于一体的运营格局。

五是国际化发展推动影视产业集聚。中国(浙江)影视产业国际合作实验区打造的影视出口译制平台、海内外销售平台、中国影视与国际同行的交流平台在开展影视国际传播工作的同时推动影视产业集聚。中国(浙江)影视产业国际合作实验区海宁基地致力于中华文化出海,与中国国际广播电台共建影视译制产业基地,实现文化产品输出与经济效益增收双赢目标。

五、结语

坚持文化生产、重视人才培育、科技保驾护航、政策先发引领是影视产业在浙江聚集的重要原因,也是全国各地影视产业可以借鉴的发展经验。

文化兴则国家兴,文化强则民族强。立足本土,影视产业中的影视作品离人民群众最近,最能够为人民群众传递精神力量、筑牢理想之基。纵观国际,影视作品承担着传播中华文化、建立文化自信、打造文化强国的重任。放眼未来,文化的多样性将推动人类文明进步,百花齐放,百家争鸣。

执笔人:董力羽

指导教师:邵　鹏

守护人间烟火气

"小孩小孩你别馋，过了腊八就是年。"这是一首流传甚广的童谣的开头。腊八节至，哼着腊八歌，年味渐浓。

一、共品粥中烟火气

充满烟火气的年味从一碗热腾腾的腊八粥开始。

熬制腊八粥是一个复杂而缓慢的过程。火苗在燃烧，冒着泡的锅炉散发出一阵阵清香，空气中氤氲着诱人的气息。在寒冬中，将一碗热腾腾、软软糯糯的腊八粥盛出来，趁着腾腾的热气化上几块冰糖，只轻轻抿一小口便能拂去寒凉，让暖意在心间流淌。小小一碗粥能够让人产生满满的幸福感。

二、道尽丝丝烟火气

充满烟火气的春节少不了满大街的年货。

年货承载了我们对新年的美好期盼。最地道的年货总是藏在烟火气十足的街巷中，从坚果炒货、腊肉腊肠、糍粑米花到零食糖果、酒水饮料，这些地道的年货摆在街巷中，伴着喧闹声、吆喝声、讨价还价声，让大街小巷充满了烟火气。

充满烟火气的春节也少不了贴窗花、贴对联、贴福字等活动。

二十八，贴花花。过去，春节期间，每家每户都会准备对联、福字以及窗花。自古以来，贴窗花、贴对联、贴福字是人们迎春的一种方式，寄托了大家辞旧迎新、接福纳祥的新年愿望，体现了人们对美好生活的期盼。

充满烟火气的春节更少不了一家人的团圆饭。

春节期间最特别的年味就是年夜饭的香味，最特别的烟火气就是一家人围坐在一起，无论男女老少，脸上都洋溢着幸福的微笑，品尝着丰盛的美味，一起举杯，一起畅谈，温暖的氛围消除了冬天的寒意。年夜饭是一种仪式，不仅象征着一家人浓浓的亲情，也凝聚了一家人对来年幸福安康的期盼。

三、守护人间烟火气

在快节奏的时代背景下，慢慢炖煮的腊八粥失去了吸引力，样式传统的窗花不再受到年轻人的喜爱。互联网时代，饭桌上的低头族让欢声笑语不再，流于形式的微信拜年、视频拜年取代了面对面的祝福仪式……伴随着时代的发展，具有烟火气的年味似乎变得越来越淡了。在这样新的社会环境下，我们该如何守护这最抚凡人心的烟火气，重新找回浓浓的年味呢？

对于年味的传承来说，政府政策起着至关重要的作用。政府需要不断促进春节习俗的传承与创新，这样才能实现春节习俗的创造性转化与创新性发展。政府可以成立专门的机构，专门负责策划新颖的春节习俗传承活动，同时积极引导民众参与其中。

比如浙江乌镇推出"到乌镇，过不一样的春节"系列活动：祭年神、水上年市、新年祈福、水陆巡游、"囍"服迎春、百铺联欢、盲盒寻宝……这些系列活动不仅保留了传统文化，同时也推陈出新，让乌镇重新散发烟火气。山东依托"好客山东"文化旅游品牌组织"好客山东贺年会"文化活动，并推出"到山东过大年"专项旅游，实现经济和文化双重发展。以上这些春节文化活动，都是将传统春节习俗与地方特色结合起来，在满足人们精神需要的同时，也激发了人们对浓浓年味的热情。

家庭是学习春节习俗的主要场所，也是传承春节习俗文化的主要阵地。受到西方节日的影响以及缺乏对春节习俗的重视，年轻一代渐渐对春节习俗失去兴趣。因此，家里的长辈要重视言传身教的作用，在迎春节的欢乐气氛中，给年轻一代讲述各种习俗背后的意蕴，分享自己小时候过年时浓浓的年味,从而与年轻一代建立一种以年文化为纽带的共同记忆。

同时,春节期间,家长在为各种习俗忙碌的同时,也要让子女一同参与。此外,家长也要提高传承意识。现在许多家长对年文化也不够了解,因此,家长们要主动学习习俗知识,和子女一起学习剪纸、灯笼、年画的制作工艺,了解各种习俗的寓意。

随着现代媒体技术的发展和普及,微信、微博、抖音、小红书等已经成为年轻一代在生活中获取日常信息和娱乐信息的主要工具,因此这些平台可以成为守住年味的宣传阵地,帮助年轻一代了解春节习俗,感受传统春节习俗的魅力。抖音在2022年春节期间推出"温暖中国年"主题春节活动,通过集年味卡、放烟花等多元玩法让年俗文化在线上活动中焕发出新的时代魅力。此外,年味十足的相机特效激发了大众的创作热情,从而营造了浓浓的节日氛围感,让全国各地的年味在网络上持续扩散,触达更多的人。

四、结语

热腾腾的腊八粥,红色喜气的窗花倒福,喜庆吉祥的拜年红包……这些充满着烟火气的年味值得大家重新细品。正所谓"人间烟火气,最抚凡人心",今年的春节,就让年味抚慰每个人的心,持续散发浓浓的烟火气吧!

执笔人:何璐佳

指导教师:吴晓平

幸福不只是有烟花

"爆竹声中一岁除，春风送暖入屠苏"，在大多数中国人的心里，过年就应该有烟花，有爆竹。

大人们点燃长长的百子炮，就着"噼里啪啦"声开启年三十那顿丰盛的年夜饭，孩子们则在家门口呼朋唤友，燃放各类大小不一的烟花。

伴随着央视春晚主持人的倒计时，在新年到来前的那一秒，我们会听见震耳欲聋的鞭炮声，看见绚烂夺目的各色烟花。就这样，人们在热热闹闹中开启了新的一年。

一、文化载体

燃放烟花爆竹不仅是我国几千年来传统春节中不可或缺的一大娱乐方式，更是中国传统文化习俗的重要组成部分。

烟花爆竹是古老的文化载体，其内涵应该远远大于那一声炮响和那一瞬间的绽放。

早在南北朝时期，便有燃放烟花爆竹的记载，当时没有火药和纸张，人们用火烧竹子，使之爆裂发声，以驱逐瘟神。这反映了古代劳动人民渴求安泰的美好愿望。

唐代，一个叫李畋的人为了驱除瘟疫，利用火药、纸筒等材料制作爆竹，通过燃放爆竹造成巨大声响来去除邪祟，这便是装硝爆竹的雏形。

宋朝，燃放烟花爆竹成为一项广泛的娱乐活动。每逢重大节日，如春节、元宵节、端午节、中秋节，或者是喜事庆典，如婚嫁、建房等，都要燃放爆竹以示庆贺。

到了明朝，烟火业发展极为迅速，烟花爆竹种类丰富。沈榜《宛署杂记》记载："有声者，曰响炮，高起者，曰起火。起火中带炮连声者，曰三级浪。不响不起，旋绕地上者，曰地老鼠。"

明代的烟火不仅种类繁多，燃放方法也多种多样。为了增加热闹的气氛，人们往往不是一个接一个地燃放烟花，而是将各种各样的花炮分组绑在木架上，再用火药线连接起来，一经点燃，则能连续燃放很长时间。其间出现各种颜色的灯火、流星等，且不时出现花鸟和亭台楼阁等景象，十分壮观。

二、束之高阁

随着我国经济发展，人民对于生活品质的要求不断提高。禁止燃放烟花爆竹体现了政府和更多人对安全、健康的重视。

1988 年，中央提出加强对烟花爆竹生产和燃放安全的管理。之后，全国陆续有 200 多个城市出台了全面禁放烟花爆竹的规定，各地实施时间虽各有不同，但相关规定大同小异。

推出"禁放令"也并不是没有道理。环境污染问题是最显而易见的，燃放烟花会产生大量有害气体和各种金属氧化物的粉尘。大量的烟花爆竹燃放导致空气中有害气体含量飙升，刺激人的呼吸道，使人咳嗽，引起呼吸系统疾病。在城市里，这种危害尤为突出，这主要是因为城市建筑物密集，空气流通不畅，不利于污染物扩散，烟雾长时间在低空飘浮，危及市民尤其是老人、小孩等敏感人群的健康。

烟花爆竹所发出的声音更是扰人。据报道，燃放烟花爆竹地区的噪声可高达 135 分贝，远远超过人在夜间的听觉范围和耐受限度。每年都有因燃放鞭炮造成听力受到严重损伤、爆炸性耳聋、听觉迟钝的病例。

烟花爆竹的生产需要大量纸张和火药，未燃尽的火药以及碎纸存在不小的安全隐患，燃放烟花爆竹后的清扫工作也需要消耗大量的人力物力资源。

因此，一部分城市将燃放烟花爆竹这一活动"束之高阁"，在很大程度上，并不是一件坏事。

三、千年情感

关于是否应该禁止燃放烟花爆竹，多数人认为，没有爆竹声和绚丽多彩的烟花，"年味"似乎淡了不少。

实际上，我们看到了政府对民众呼声的积极回应：临近年关，多地调整了烟花爆竹燃放政策，例如，浙江省瑞安市允许城市居民在 2023 年春节大年三十至初三全天燃放烟花爆竹。全国其他部分地区也允许在规定时段内燃放烟花爆竹。

当我们努力让烟花爆竹重返百姓生活的同时，其实我们也应该看到，烟花其实并没有离开我们的视野。

以福建烟花大师蔡国强为例，他用自己的热爱与创新，将烟花玩出了新花样，为人们呈现了一场又一场的视觉盛宴，让世界看到了属于中国人的浪漫烟花艺术。

执笔人：张馨艺

指导教师：李　芸

无论多远，都挡不住我们回家的脚步

　　一年一度的春运已然启动。那一张张小小的车票承载了人们的乡愁，守护了阖家欢乐的大团圆。春运是信念：无论多远，都挡不住我们回家的脚步。

一、谈一谈春运历史

　　"春运"一词最早出现于 1980 年的《人民日报》。在口语中，"春运"有两个含义：一是指春节前后的运输现象；二是"春运期间"的简称。春运是伴随着改革开放、人口流动限制放宽而出现的一种人口流动现象。

　　类似春运的现象自古便有，这与传承千年的家国情怀有着密切的联系。众所周知，古代的道路基础设施建设较为薄弱，交通条件堪称恶劣。隋代诗人薛道衡因春节时都未能回家和亲人团聚，于是怀揣着对家的思念，写道："入春才七日，离家已二年。人归落雁后，思发在花前。"对"家"的眷恋之情早已融入中华民族的血脉，如今的我们亦能产生强烈共鸣。

　　随着经济发展，我国交通道路的建设水平得到了极大的提升。截至 2021 年年底，我国公路总里程达到 528 万公里，国家高速公路已建成 11.7 万公里，普通国道通车里程为 25.77 万公里。路网规模已位居世界前列，高速公路里程位居世界第一。

　　2022 年发布的《国家公路网规划》提出，到 2035 年，我国公路总规模约为 46.1 万公里。其中，国家高速公路约为 16.2 万公里，普通国道约为 29.9 万公里。未来，将实现全国所有县级行政中心 15 分钟上普通国道，市地级行政中心和城区人口 10 万以上市县的县级行政中心 30 分钟上国家高速公路。

从马车到人挤人的绿皮火车，从 2008 年正式开通首条高铁到现在高铁运营总里程超过 4 万公里，我们不再面临回不了家、难回家的交通窘境。

年初，怀揣梦想的逐梦者借助四通八达的道路奔向远方。在春节来临之际，想念家乡的游子又能顺利回到家乡与家人团聚。

二、品一品春运情怀

春运是一条载满思乡之情的路，心之所向，身之所往。当代著名诗人余光中在《乡愁》中写道："小时候，乡愁是一枚小小的邮票，我在这头，母亲在那头。长大后，乡愁是一张窄窄的船票，我在这头，新娘在那头。"

改革开放以来，越来越多的人成为游子，"飘"在异乡。他们为了理想，大步向前。春节将至之时，或是年迈的父母，或是稚嫩的儿女，或是亲近的朋友，如一根根细细长长的金丝线，牵引游子归乡。"人生岂得长无谓，怀古思乡共白头"，这是传承千余年的愁绪与家国情怀。

春运是一条通往团圆的路，候鸟归家，不胜欢喜。在驶向名为"家"的目的地的车厢里，游子靠在椅背上，轻轻合上双眼，思绪便飘向了心系之处。橙色的火苗引燃大红的鞭炮，下一秒噼里啪啦的爆竹声便响彻云霄；圆桌上是色香味俱全的美味菜肴，圆桌前是开怀大笑的亲朋好友。我们风尘仆仆地赶回家，不正是为了这样的团圆吗？

春运是一条守护安全的路，温暖社会，共赴佳节。据统计，2023 年春运首日全国发送旅客 3473.6 万人次。浙江省多措并举，确保春运期间不发生重大道路交通事故和因管理不到位成的长时间、大范围交通拥堵，保障人们出行安全，助力佳节团圆。

三、道一道佳节团圆

春节是中华民族最隆重的团圆佳节。随着经济的发展，人民物质生活水平有了很大提升，家人团圆的春节不再局限于祭灶、扫尘、贴年画等传统习俗，也不再局限于线下团圆，而是有了多样化的形式。

携程发布的《2023 年春节旅游市场预测报告》显示：截至 2023 年 1 月 5 日，春节期间旅游产品的预订量同比上涨 45%，人均旅游花费同比提升 53%；春节假期长线旅游订单占比达七成，长线游订单同比增长 72%；此外，春节期间机票订单同比增长约 15%，国内六成以上目的地的机票预订量赶超去年。可以看出，人们越来越热衷于以旅游作为过年的主题活动。

有人选择在春节期间回家，也有人选择留在异乡等节后再"错峰"回家。这些就地过年的人们不仅能够享受当地政府提供的诸多过年福利，还能体验科技发展所带来的别样的"云团圆"。

以浙江省为例，浙江绍兴率先制定出台浙江全省首个留工政策——《2023 年"开门稳、开门红"支持企业稳岗留工十条》。政策从鼓励企业连续生产、做好返乡返岗服务保障、支持企业用工保障、强化全方位公共就业服务、稳定企业劳动关系、发放"新绍兴人"消费券、发放"留绍过年"流量福利、开展"畅游绍兴"文旅惠民活动、开展"迎春送暖"走访慰问活动、开展"年货邮到家"温暖礼包活动等十方面提出相关举措，以此确保留绍务工的人们有一个良好的过年体验。

四、结语

左手抓福利，右手握团圆。科技的发展让我们即使身处异乡也可享受与家人团圆的快乐。视频通话"云过年"助力"心团圆"，透过手机屏幕，人们实现了"云团聚""云拜年""云娱乐"；外卖年夜饭让人们不需要花太多的力气便可享受家的味道。

春运拉开春节的帷幕，春节唱响团圆的歌谣，而我们一定会和亲人团圆！

执笔人：孙瑞悦

指导教师：李　芸

诗画浙江，"浙"里正精彩！

随着春节假期的到来，春节游也正式拉开序幕。如今，越来越多的民众选择出门旅游，让旅游成为生活的调味剂，这意味着各大旅游城市迎来了新的挑战与机遇。

一、诗画浙江

得天独厚的自然风光和沉淀千年的历史底蕴成就了如今的诗画浙江。诗画浙江不仅代表了浙江鬼斧神工的山水风光，也代表了浙江数千年孕育的艺术流派精彩纷呈，还代表了"诗和远方""美和诗意"。

层峦叠嶂间，千里风景荟萃，无数自然风光。自古以来，浙江就以山水风光闻名。望山，浙江省内有会稽山、雁荡山、天姥山等名山，就连诗仙李白也沉醉于浙江的山水，甚至在梦中也不能忘怀，在《梦游天姥吟留别》中以"天姥连天向天横，势拔五岳掩赤城"称赞天姥山的雄伟。山水相依，好山自然离不开好水，且不说嘉兴南湖、绍兴鉴湖等景点，单是杭州西湖就足以令人目眩神迷。

古往今来，有关浙江山水的诗、词、歌、赋不绝于耳，有关浙江山水的画、雕刻不绝于世。千年历史沉淀给予了浙江深厚的文化底蕴，也正是千年来无数的文人雅客为浙江山水撰写的诗词、描摹的画卷，使得浙江的山水充盈着丰富的情感，让人回味无穷。

浙江还孕育了无数才子佳人，他们或吟诗作画，惊才绝艳；或撰写文章，针砭时弊；或投身革命，以身报国，以他们的精神照亮浙江大地。在绍兴鲁迅故居等地，人们能看到先贤手稿，体验名士生活，与先贤同频共振。

浙江的山水景色能够让人们获得心灵慰藉。如柳永，在落魄的岁月里，看三秋桂子、十里桃花，得到心灵的平静；如白居易，回首半生浮沉，淡然一笑，"江南忆，最忆是杭州"。

二、文旅发展收获丰，共富画卷妙生花

浙江始终将文旅发展放在重要位置。近年来，凭借自然景色和人文底蕴，浙江文旅呈现出前所未有的发展之势，收获满满，硕果累累。

浙江省文艺事业发展良好，各大文艺节庆展演精彩纷呈，文艺精品频出，越剧《枫叶如花》更是荣获第十七届中国文化艺术政府奖——文华大奖；浙江省文物保护利用、非物质文化遗产保护的成效显著，特别是牵头申报的"中国传统制茶技艺及其相关习俗"已成功入选联合国教科文组织人类非物质文化遗产代表作名录。

在质量稳步提升的同时，浙江文旅产业还不断赋能共同富裕，如浙江积极支持山区海岛县跨越式高质量发展，实施"万户农家旅游致富计划"。事实上，文化产业和旅游产业是浙江省国民经济战略性支柱产业和"双万亿"大产业，为人们绘制了一幅精美绝伦的共富画卷。

一方面，浙江省致力于打造更加成熟的文化旅游景区，不断完善和更新已有景区设施和项目，加强文化和旅游融合，不断助力浙东南蓝色海洋文化旅游带、浙西南绿色生态文化旅游带和以嘉兴南湖、大陈岛、浙西南革命根据地旧址等为重点的红色文化旅游带的发展。

为加强文旅产业的深度融合，浙江省于 2018 年开启浙东唐诗之路、大运河诗路、钱塘江诗路和瓯江山水诗路"四条诗路"文化带的建设。2021 年 11 月，诗画浙江四条诗路宣传推广成果在温州瓯海发布。在发布会中，我们看到了浙江文旅发展的喜人成果，"四条诗路"不仅将浙江丰富的传统文化和自然风光结合起来，推动了沿线地区的发展，还融合了数字技术，让人们的旅游出行更加便利。

另一方面，文旅产业在助推乡村振兴中扮演了重要的角色，推动乡村基础设施不断完善，以独特的风土人情吸引了一大批游客走进乡村，感受

田野生活，带动当地经济和文化发展。2021年12月，安吉余村入选联合国世界旅游组织评选的首批"世界最佳旅游乡村"名单。余村成功的秘密便是坚定不移地以"绿水青山就是金山银山"理念为指导，立足"美丽经济"，不断改善乡村环境，发展农家乐、民宿等旅游产业，实现绿色创富。

浙江各地为促进文旅产业发展、助力共同富裕，都做出了不少努力。如丽水市推出了自驾游公共服务协同应用平台——"丽水山路"，吸引游客走进丽水、走近大山；台州市推出了"沿边百村"乡村旅游精品线路，激活本地区乡村旅游资源。

三、激发文旅活力，"浙"里正精彩

2022年，浙江省人民政府印发《关于推进文化和旅游产业深度融合高质量发展的实施意见》，加快推动文化和旅游产业强省建设，为全省的文旅产业发展指明了方向，明确了目标："现代文化和旅游融合产业体系基本形成，产业结构进一步优化，产品供给更加丰富，品质明显提升，'诗画江南、活力浙江'品牌影响力显著增强，基本建成文化和旅游产业强省，成为国内外知名的文化旅游目的地。"

（一）以文旅相结合为中心，因地制宜

文化是魂，旅游是形，二者缺一不可。如果我们的文化都是说教式输出，那么必然是流于形式的；如果我们的游客在旅途中，只是打卡、拍照、发朋友圈，那么这个旅游必然只能是停留在朋友圈的。只有将文化和旅游相结合，推出富含文化内涵的旅游项目，提供有趣的文化体验，才能塑造文化品牌，为建设文旅强省提供助力。

文化和旅游的结合不能生搬硬套。浙江省各地的自然资源丰富，文旅融合要根据当地特色资源，利用当地已有资源，因地制宜，形成独一无二的文旅项目，如：将杭州打造成国际旅游休闲中心、国家旅游枢纽城市；将宁波打造成现代化滨海旅游名城、国家旅游重点城市；将温州打造成国际化诗画山水度假目的地；将湖州打造成国际化生态型乡村度假目的地。

（二）区域协同发展，加强文化带建设

浙江各地虽然资源相异，但是可以以文脉、山脉、水脉、古道、交通干线等为经络串点成线，加强各地景区景点的联系，以打造精品旅游线路。精品旅游线路不仅可以让游客体验各种不同的人文风情、自然风光，更可以促进沿线地区协同发展。由浙江省文化和旅游宣传推广信息中心主办的"来浙里·穿越海平线"浙江海洋旅游推广季便是最好的例子，其通过深挖浙江海洋文旅资源，涉及游海岛、竞体育、品美食、逛民居、探人文，将42个海岛景点相结合，为游客提供了十条特色鲜明的海洋旅游线路。

（三）推动跨产业深度融合，延长产业链

旅游业要焕发新活力，势必要突破旅游业与其他产业间"无形"的界限，实现深度融合。唯有延长产业链，才能提供更全面、更优质的文旅服务，吸引游客。为此应不断促进文旅企业规模化、品牌化、网络化经营，推动各类文化节、文化活动落地，高质量举办文化和旅游消费季活动。

（四）提升影响力，打响省域品牌

以"诗画江南、活力浙江"为统领，制定市县文化和旅游品牌建设规范，形成品牌塑造合力；针对目标市场，加强与国内外大型线上旅游运营商的合作，推出定向精品旅游线路，做强旅游市场推广联盟，强化线上营销；推进"一带一路"文旅合作，深度推进浙江文化的"出海计划"，传递浙江声音。

（五）以创新为旗帜，推动管理机制、经营模式、科学技术创新发展

以创新为旗帜，带领文旅产业在管理机制、经营模式、科学技术等方面实现创新。以数字化的形式展示、保护、发展文化产品；实现智慧旅游；积极探索经营新模式，推动管理机制革新。科学技术与文旅产业强强联手，打造浙江数字文旅金名片。

四、结语

文化和旅游是老百姓心目中的诗和远方，"来一场说走就走的旅行"绝不只是口头说说，而是老百姓计划中的重要部分。人好、山好、水好的浙江更是诗和远方的最佳载体。

执笔人：林　可

指导教师：吴晓平

"浙"里携行，探寻一首可以共舞的"非遗"之歌

　　"浙"里幸福年，欢庆好时光。癸卯兔年的浓浓年味不仅体现在大街小巷，也体现在一场场精彩纷呈的非遗活动中。浙里年味：2023 年浙江省"文化进万家——视频直播家乡年"系列活动，自 2023 年小年开幕便吸引了众人的目光。这场时间跨度从春节前夕至元宵节的文化盛宴，包含十余个重点年俗项目活动，全省各地近 800 个欢庆家乡年的非遗活动，并在多个视频直播平台开展 30 余场线上直播，内容丰富，形式多元，向人们展示了一个个丰富多彩的非遗世界。这些小世界不仅承载着手艺人们对美的赤诚的向往，也寄托着民众对文化的希冀与认同，"浙"里的非遗文化与传统技艺再一次从田野巷陌中走出，在精彩纷呈的春节里愈加明媚且鲜活，不再给人以神秘莫测的符号感。

一、身怀技艺满腔诚，奔赴理想情意真

　　非遗手艺人们是传播非遗文化的重要力量。对于他们来说，文化传承，重任在肩。一件件巧妙作品的背后，是一颗颗充满热忱且一丝不苟的初心。有的传承人坚持老题材新做法——完全依靠古法手艺和材料，有时效率不高，存在一些缺陷，"扬弃"成为促使非遗更好发展的有效方法。比如被列入第一批国家级非物质文化遗产名录的绍兴黄酒酿制技艺存在传统块曲制作限制多、质量参差不齐等问题。在"全国青年岗位能手"李智慧和技工师傅们的不断探索下，传统酿造工艺进一步朝着智能化、数字化、生态化的方向转变。也有的传承人采取新题材老手艺——融入时代特色能够促进手艺的产品化和商品化，获得用户的喜爱。例如，台州刺绣将台绣元素融入

蓝牙音箱、时尚背包、车载香薰、功夫茶盘等现代物品的设计中，受到了年轻人的欢迎。

此外，非遗手艺人们力争加快走进大众视野的步伐，利用互联网进行传承和赋能，连接群众和市场，扩大社会认同。互联网力量的介入，既能满足手艺人的生存需要，也能降低"非遗"沦落为博物馆静态标本的可能性。手艺人们积极参加大运河非遗旅游大会、非遗博览会等活动。比如在"非遗购物节·浙江消费季"活动期间，杭州湖滨商圈、杭州河坊街以及嘉兴月河街的手艺人们利用"云探店"直播这一方式展现非遗技艺，另有众多非遗传承人、中华老字号、非遗工坊以及相关企业积极参与，在阿里巴巴、新浪微博、抖音电商、小红书、哔哩哔哩等平台上展示文化精品的风采，让人们在购买非遗产品、参与民俗活动中感受非遗文化背后的厚重力量。

二、多措并举强扶持，中华文化同传承

西湖秀美，运河厚重，一把把油纸伞醉了江南，一柄柄折扇携来清风，一座座雕塑定格时光。许多手艺人在大工厂标准化流水线之外，坚守着自己的手艺。

为进一步打造新时代非物质文化遗产保护高地，建设高水平"非遗强省"，中共浙江省委宣传部、浙江省文化和旅游厅联合印发了《关于进一步加强非物质文化遗产保护工作的实施意见》（简称《实施意见》）。《实施意见》明确，到 2025 年，力争基本建成全国有影响力的"非遗强省"；到 2035 年，力争全面形成具有浙江特色的非物质文化遗产保护新格局，成为全国非物质文化遗产传承发展的示范区和样板地。在建设"非遗强省"的过程中，政府应该多措并举，构建更加多元的非遗传承体系。

首先，强调对非物质文化遗产进行保护。以戏剧为例，从 2014 年起，作为传统戏剧大省的浙江加大了对传统戏剧的保护力度，制定出台了《浙江省濒危剧种守护行动实施方案》《浙江省传统戏剧保护振兴计划》《浙江省传统戏剧之乡申报与命名实施方案》等方案措施，并启动"浙江好腔调"全省传统戏剧展演活动。历经多年时间，"浙江好腔调"已成为浙江省非遗

传承、传播的重要品牌。

其次，大力推动非遗文化的普及性传播。开展高质量的"非遗+教育"工作，设立专项经费，开展"非物质文化遗产进校园"等活动，让孩子们从小就浸润在非遗文化的雅致意蕴中。例如，温州开辟"非遗"教学平台，建立乐清细纹刻纸传承教学基地等10个省级传承教学基地，传承非遗的"火种"；杭州市惠兴中学在政府支持下，引入被列入"人类口头和非物质遗产代表作"名录的浙派古琴项目，构建浙派古琴非遗特色校园。各类非遗宣传、展示、展演、展销活动纷纷展开，给予人们极大的视觉震撼和美学享受。

最后，加强设施建设。以杭州市上城区为例，该区引入社会资本——辖区的文创企业"匠无界"，免费提供区非遗展示馆所需的场地设施，并借助其研发团队和销售平台，为有需要的非遗项目提供咨询、设计和线上线下销售等多样化服务，对传统非遗技艺进行"再设计"，开发更符合现代生活方式的非遗衍生品系列。上城区非遗展示馆围绕非遗创新的新品牌、产业升级的新平台、文化提升的新典型、民俗艺术的新场馆总要求，组织丰富多彩的传承活动。这些举措能鼓励各类公共文化机构和非物质文化遗产相关保护机构持续发挥自己的力量，推动非遗更好地融入当代生活。

三、汇聚力量续文脉，迭代联动绘新景

在促进传统技艺发展的过程中，社会力量必不可少。汇聚多方力量，有利于打造新型非遗文化空间，激活公共文化服务的"一池春水"。涓涓细流汇聚成海，在社会各界的共同努力下，浙江省的非遗愈发显现出繁荣蓬勃的景象。

许多企业心系非遗，成为"支持非遗发展"的典范。例如国内领先的非遗品牌管理公司——杭州字节无穷科技有限公司，其打造的"奇人匠心"品牌与众多顶尖非遗大师合作运营IP，建立数字内容生产、发行、变现的完整生态链，服务非遗事业。该公司创始人强调，各类非遗手艺的营销推广一定要用最新的方式去做，微店、短视频、社交平台、直播等一起发力，

帮助各个与之合作的非遗团队或是个人形成独特而成熟的圈层结构。如今，在杭城诞生的"奇人匠心"，也在宁夏银川、江苏苏州、安徽芜湖、江西景德镇、广东四会等地生根发芽，让更多人看见手艺人的精湛技术，听见手艺人的故事，体味独特的文化记忆。

推动非遗焕发光彩，不仅关乎企业，而且关乎民众。民众不仅可以在领略饱含烟火气息的文化中加深对非遗的理解，也可以在体悟中成长和进步，进而加入传播的队伍，让非遗拥有更广大的民间基础，从而实现从小众到大众的破局。浙江省的非遗保护组织众多，浙江省民间艺术研究会、浙江省企业家振兴民族文化促进会等组织先后建立，余杭、开化、洞头等地也建立了非遗保护志愿者协会，有的甚至延伸到乡村，如桐庐县合村乡成立了民俗文化保护促进会。浙江众多高校建立了非遗志愿者团，大学生志愿者们参与各类活动，以青年人的视角体察文化，进而接续奋斗，以青年人之音唱响新时代。

四、结语

在未来，具备可持续发展动力和生动表达力的"浙"里非遗技艺将继续焕发新的生命力。

执笔人：夏　楠

指导教师：李　芸

明前龙井为何经久不衰?

清明时节,杭城淅沥的春雨中弥漫着阵阵茶香,即使连续的阴雨天气也抵挡不住茶农的热情与干劲,西湖龙井的采摘正如火如荼……作为春茶里的"状元郎",明前龙井依旧不减往日魅力,在春茶市场独占鳌头。小小叶片是如何成为茶中翘楚、经久不衰的呢?

有道是,爱春茶者,必追龙井;爱龙井者,必痴明前。

明前龙井是指在清明之前采摘制作的龙井茶叶,叶片青绿透亮,匀整而有光泽,味道清甜可口,给人一种清新自然之感。

中国人讲究"不时不食",明前龙井,采摘期仅20天左右,鲜嫩是爱茶之人的追求目标。俗话说:"春雨贵如油,春茶贵如金。"明前龙井贵在先,也贵在鲜。此时的茶,芽叶中所含的氨基酸和蛋白质,都得到了很大程度的保留。采摘时须细心嫩采,选取茶枝上的鲜嫩芽叶。独特的品质和口感加上严格的采摘期限和精湛的制茶技艺,使明前龙井成为茶中的"佼佼者"。

一、杭城茶香四溢

杭州作为茶都,饮茶之风已流传千年。

自唐代以来,明前龙井是文人墨客青睐的饮品之一。在唐宋文化的熏陶下,明前龙井渐渐成为一种文化符号,体现了中国传统文化的博大精深。

伴随着时代的发展,杭州人喝茶的方式在不断变化。在唐代,人们采摘嫩茶叶,制成茶饼后用煎煮的方式,连带茶汤一起享用;到了宋代,人们创造了点注的喝法,茶饼被碾成末,然后用"盏"来盛放茶汤;在明朝,煮茶、点茶等传统且烦琐的喝茶方式被摒弃，人们开始采用撮泡法泡茶，品味茶叶泡水的清香。此外，出现了茶壶、茶杯、盖碗等茶具，杭式茶道也应运而生。

茶客对品茶的喜爱延续至今。在现代社会，明前龙井代表了杭州人的生活方式和对品质生活的追求。杭州"三面云山一面城"的城市空间布局，像极了一间大茶馆。杭州坊巷间有上千家茶馆，漫步在西湖边，茶馆更是鳞次栉比。暖阳下，春风里，茶盏交错间，涤荡的是爱茶之人对生活的热爱与精益求精、追求完美的人生理念；小啜一口，滚烫的茶水与舌尖碰撞，人们品出了茶叶的清香与生活的淳朴和真实。

无数茶客闻"明前龙井"之名而来，并为之倾倒，陶醉在四月的煦风中。杭州茶文化历史悠久，以茶养性、以茶聚友、以茶示礼、以茶论道、以茶养心，成为东方文化的代表。

二、妙手烹茶香

春季，杭州各大产茶区的人们都在忙碌着，每一个茶村，都有属于自己的茶人、茶事和茶经。

2022 年 11 月，"中国传统制茶技艺及其相关习俗"正式入选联合国教科文组织人类非物质文化遗产代表作名录，其中，绿茶制作技艺（西湖龙井）是全国 44 个涉茶国家级非遗项目之一。

明前龙井精妙绝伦的制茶技艺也是其经久不衰的重要原因。其制作工序非常复杂，需要经过采摘、晒青、揉捻、烘焙等多道工序，每一步都需要手艺人严格把关。

对于茶人而言，炒茶是技艺和艺术的结合，需要经过长期的实践和不断的探索，才能够形成独特的茶道。享有"龙坞炒茶王"盛名的黄祖华经过近 40 年的摸索和总结，形成了自己的炒茶之道。

在炒制过程中，温度是非常重要的因素，炒茶人要通过观察来调节温度。同时，炒茶人也需要掌握不同的手法和技巧，以保证茶叶的品质。

黄祖华的炒茶之道，对技术和心态都有很高的要求。对茶叶的敬畏和热爱，以及对工作的认真和负责，都是他炒出高品质茶叶的重要因素。

正是茶人数十年如一日的坚守与传承、钻研与创新，为制茶技艺成功申遗创造了条件。而成功申遗，不仅意味着茶文化已渐渐融入人们的日常生活，也意味着制茶技艺将肩负更多使命与责任。

三、小小叶片有大力量

2021 年 7 月 29 日，共同富裕的"杭州方案"发布，目标明确，争当浙江高质量发展建设共同富裕示范区城市范例。随后，西湖区也锚定方向，奋力打造共同富裕示范区的首善之区。

2022 年 5 月，杭州市第一批共富名单发布，西湖区 2 个共富村、1 条共富带、1 个共富联合体上榜，西湖区用茶叶、文创、旅游、数智四篇文章，走出了一条有"西湖特色"的共同富裕之路。小小绿叶在共同富裕目标引领下如有神助，成为带领当地增收致富的"金叶子"。

"金叶子"不仅能够让一方百姓富裕起来，还能让香气弥漫。

2023 年 3 月 25 日，杭州茶文化博览会暨西湖龙井开茶节在龙坞茶镇如期举行，设置了新式茶饮主题沙龙、西湖龙井炒茶王大赛、迎亚运趣味运动角、国风数字人灵汐跳采茶舞等系列活动，旨在打造融展示、演艺、体验、消费于一体的开茶节新模式。

身在电商之都杭州，线上的春茶文旅消费也成为这次开茶节的重头戏。在这次开茶节上，龙坞茶镇官宣了自己的直播基地，并联动抖音、天猫等互联网平台，邀请头部主播担任西湖龙井茶春茶推荐官。直播带货重塑线上线下文旅消费新体验，为茶叶产业带来了更多生机。

如今，茶叶产业已从传统产业演变为现代全链条产业，不仅在上游茶旅融合方面不断创新，还在下游茶元素衍生品研发方面不断推陈出新。系统完备的一条龙产业化发展，给了西湖龙井巨大的发展空间。

四、结语

作为中国茶文化的瑰宝，明前龙井历经千年，经久不衰。它娇嫩却不娇气，小小叶片内涵丰富，描绘杭城美好生活，展现人民勤劳与智慧，推动区域经济发展，为共同富裕事业添砖加瓦。

对于明前龙井来说，其价值和意义不仅在于茶叶本身，还在于对茶文化的传承和发展。相信通过不断创新和发展，茶文化将更加繁荣。

执笔人：余楚凡

指导教师：邵　鹏

斯人若彩虹，遇上方知有

春日的暖风吹过太子湾的花海，拂过白堤上的桃红柳绿和乌龟潭的樱花盛宴，在"宋韵今辉"的挂幅前转了一圈又一圈，迟迟不肯离去。

和在西湖边撒欢的春风一样，人们也为古老的山水艺术所吸引，驻足于中国美术学院美术馆（以下简称国美美术馆）前，等待着与"刘、李、马、夏"四大家的相见。

一、展文化繁荣，览经济复苏

当你踏入展厅，便进入了策展人为展品而构筑的乌托邦。在这里，所有的疲惫与焦躁随春风散去，你可以在观赏艺术时感受艺术家的灿烂人生，在艺术品的多样性表达中找到自身情绪的出口，在与展品的"对话"中遇见自己。有人说：我看不懂艺术，但站在《蒙娜丽莎》的面前，我就感觉到了幸福。艺术是光明磊落的隐私。文化在展厅里高度集聚，相互碰撞，相互融合，在不同观展人的视角中得到永续发展，在不同策展人的语境中得到永久繁荣。

虽然展览场地不大，但无数人在此驻留：手持相机拍摄的摄影爱好者、千里迢迢专程赴约的看展人、逛街时偶遇展览的游客等等。展览以艺术的注意力吸引属性赋予线下实体经济生机与活力，往日冷清的商场与街巷如今在展览的加持下人头攒动。

观展者因展览聚集，展览因观者精彩。正所谓"耳闻不如目见"，展览独特的线下属性促进了线下实体经济的恢复与发展。人们为各式各样的展览所吸引，迈出家门走向更加广阔的现实世界。人们由线上交流回归线下面对面交流，带动了餐饮业、线下零售业、城市服务业等多产业的联动式发展。以展览为"砖"，引出线下实体经济大发展之"玉"，是我们对展览业发展的新期许。

二、展历史旧计，览当下新策

回溯历史，以 1929 年为"争促物产之改良，谋实业之发达"而办的首届西湖博览会为起点，杭州会展业抓住历史风口的机遇，发展出自己的独特优势。

2011 年，《杭州市"十二五"会展业发展规划》明确指出，"十二五"期间，杭州重点打造包括最具潜力的全国展览中心城、最具活力的中国节庆之都、最具魅力的国际会议目的地在内的会展业三大品牌。

2016 年，一场盛大的 G20 峰会将杭州推到世界舞台的中央。同年，《中共杭州市委关于全面提升杭州城市国际化水平的若干意见》明确提出要着力打造"国际会议目的地城市"，成为具有世界水准的国际会议举办城市、会展之都、赛事之城。

从此，杭州会展业进入了高速发展的快车道。《杭州市会展业发展"十三五"规划》《杭州市会展业促进条例》指明了杭州会展业的发展方向：专业化、品牌化、市场化、国际化。

2018 年，《杭州市加快推进会展业发展三年行动计划（2018—2020年）》从推进会展设施规划和建设、提升会展业的国际化水平、提升会展业的市场化水平三个方面对杭州会展业的发展进行了部署。

在线下会展业被迫按下"暂停键"时，杭州会展业没有停滞，而是把握机遇，举办云上展会。2020 年，杭州推出国内首个"云上动漫游戏产业交易会"，突出 5G、人工智能、VR 等现代科技元素的应用，创新运用短视频、直播等方式，为海内外观众搭建了"云上交易""云上展售""云上互动"三大平台。

云上展会凸显了杭州会展业发展理念的创新与商业模式的变革。杭州以会展业发展的历史优势、完备的会馆基础建设、"互联网+"的会展发展新模式，走在了行业发展的前列。

以亚运会为代表的一系列国际重大赛事活动的举办极大地提升了杭州这座城市的品牌号召力，吸引了一批国内外重大会展项目落户杭州。

杭州也将以建设社会主义现代化国际大都市为目标，以"数智杭州·宜居天堂"为发展导向，奋力展现"重要窗口"的"头雁风采"。杭州大会展中心、杭州国际博览中心等会展场馆的建设和扩容将完善会展业发展相关硬件配套设施，极大地提升杭州大型会展项目的承载力。

《杭州市会展业发展"十四五"规划》明确了推动产业协同、推进会展业数智化发展的重要性，杭州将继续大力发展数智会展，推进会展业与数字经济、新制造业、新消费等领域的协同发展，推进商品、技术、信息、资本、人才等要素的流动，进而更大程度激发会展业的发展潜力，为城市经济发展注入更多动能。

三、展人文之风，览文化之续

《"十四五"新型城镇化实施方案》提出，推动历史文化传承和人文城市建设。杭州作为吴越国与南宋的都城，每一处人文景观都留下了历史文化的印记。从南宋御街到大运河，从西湖到良渚古城，从灵隐寺到法喜寺，越来越多的历史遗迹为人们所知晓，杭州也在历史文化传承与保护上做出了极大的贡献。

文化是一个看不见、摸不着的概念，如何以会展业发展为契机，展示文化、传承文化呢？

第一，提供相关政策支持，在发展会展业的同时探索小展览新出路。

展览通过展品与布展艺术，将日常生活中不可见的城市文化集中展现出来。杭州不仅要支持那些有助于塑造国际大都市形象的大型会展活动，也应该将资金支持与政策优惠给到办小众展览的策展人与相关组织，让策展人呈现自身爱好与思想，让流行文化得到集中展示，让历史文化接力传承，让小众文化传播扩散。大展览展现杭州风采，让世界看到杭州之美；小展览塑造杭州风骨，让城市文化得以繁荣。

承千年文化，展文化精髓，建人文城市。政府应加大对会展业的政策支持力度，在打造具有国际影响力的"会展之都""赛事之城"的同时，以展览的方式，传承发展杭州城市文化。

第二，推进场馆硬件建设，以硬件优化升级带动产业发展。

优化场馆自身建设，加强数字技术与场馆建设和管理的有机融合，提升场馆便利化水平；开发面向未来的会展场馆数字化运营管理系统，打造具有国际示范引领作用的浙江会展场馆数字化样板。

完善相关配套设施，优化城市空间布局，完善展览场馆周边交通、住宿、餐饮、娱乐、商场、停车场、办公等配套设施。硬件的完善是产业优化升级的物质基础，为观展者带来更优质的体验，让观展者沉浸在展厅的话语体系之中，增强文化的感染力。

第三，优化展览展出模式，以人们更加喜闻乐见的方式展示人文情怀。

当前，展览还存在同质化严重、展品鱼目混珠、展览形式不够贴合生活实际、布展方式不够合理等问题。展览能够丰富市民文化生活、提高市民文化修养、增强城市文化气质、营造城市良好文化氛围、潜移默化地影响市民文化观念，是打造人文城市不可或缺的重要因素，应当受到相关文化部门的监管，提升自身优化能力。

同时，相关部门也应该积极探索展览的优化模式和渠道，为展览业的发展提供明确的规范和指导，促进展览业优化发展。以人民群众为受众，以人民群众喜闻乐见的方式展出社会文化，展示杭州的人文情怀。

第四，发挥展会流量优势，以会展业小发展撬动经济大增长、文化大繁荣。

展会为杭州带来了大量的潜在消费群体。展会承办方应在展会中展现杭州文化风采，并将展会的出口转换为看展人探索发现杭州文化的入口，吸引看展人在展会结束后继续杭州之行。在此基础上，杭州应以满足消费者需求为导向，优化消费服务，加强自身文旅产业的服务能力，打造自身消费品牌，满足大众对杭州的期待。

四、结语

杭州应趁着展览的东风，以展览为契机，打造城市文化风气，为人民的精神生活提供物质基础，并在此基础上满足人民更高层次的精神文化生活需要，增强人民群众对城市文化、民族文化、历史文化的认同感。

执笔人：袁诺唯

指导教师：李　芸

国际博物馆日："浙"里的小众博物馆，你了解多少?

1977 年，为促进全球博物馆事业的健康发展，吸引全社会公众对博物馆事业的了解、参与和关注，国际博物馆协会向全世界宣告 1977 年 5 月 18 日为第一个国际博物馆日，并且每年为国际博物馆日确定活动主题。中国博物馆学会于 1983 年正式加入国际博物馆协会，并成立了国际博物馆协会中国国家委员会，于每年的 5 月 18 日在全国各地举办形式多样的纪念活动。

2023 年 5 月 18 日是第 47 个国际博物馆日，主题是"博物馆、可持续性与美好生活"。在浙江，每个城市都极具人文特色和文化内涵，博物馆更是遍地开花，除了鼎鼎大名的省级博物馆，还有许多小众博物馆同样极具魅力，其中有许多是民间收集爱好者创立的，虽然规模不大，却有着深厚的文化底蕴，值得我们一探究竟。

一、杭州：中国杭帮菜博物馆

中国杭帮菜博物馆坐落在南宋皇城遗址旁的江洋畈生态公园，是一座集杭帮菜展示、体验、培训、经营于一体的美食文化特色博物馆。

博物馆以历史为主线，综合展示了从跨湖桥文化到现代社会的杭帮菜发展史。龙井虾仁、蛋黄青蟹、叫花童鸡、干炸响铃……300 多道仿真菜肴和点心，让人垂涎。

要说这家博物馆和别家博物馆最大的不同，那就是这里不仅能看、能玩，还能吃！博物馆经营区有三家不同规模的餐厅，可提供三五席乃至上百桌的宴会服务,呈现地道的杭州味道。

想要全方位、一站式了解杭州美食,那一定得去中国杭帮菜博物馆。游览中国杭帮菜博物馆不仅可以品美食、鉴美食,还能通过美食了解杭城的发展,感受"食在杭州"的独特韵味,相信食客亲临后便不会发出像"杭州是美食荒漠"这样的感慨了。

二、嘉兴: 纽扣博物馆

纽扣是人们在日常生活中不可或缺但也不会被特别注意的物品。位于嘉兴市西塘镇的纽扣博物馆把各种纽扣汇集在一起,让人们可以看到来自不同国家、不同材质、不同风格的纽扣。

西塘镇大舜村素有"中国纽扣之乡"的美称,有相关企业近五百家,产量接近全国生产交易总量的一半。全村有将近60%的人从事纽扣的生产和营销等工作。可见,小小一枚纽扣养育了一方人。

纽扣博物馆展示了来自不同时代和地区的各种纽扣,包括青铜纽扣、陶瓷纽扣、贝壳纽扣、玻璃纽扣、木纽扣等等。这些纽扣的设计和制作工艺都非常精美,让人叹为观止。游客除了可以近距离观看纽扣的制作过程,还可以亲手制作纽扣,感受小小玩物在指尖转动的魅力。

三、台州: 中国柑橘博物馆

台州市黄岩区的中国柑橘博物馆是我国第一座以柑橘和橘文化为主题的大型专题博物馆。

博物馆通过在多个展厅展示不同展品,让游客能够深入了解黄岩柑橘的发展历史,这对于打造柑橘产业发展高地,构建黄岩柑橘发源地的文化旅游品牌,具有重要意义。

随着现代科技的发展,聪慧的黄岩人将柑橘加工成罐头、蜜饯、果酒、香精等产品,让柑橘摆脱短期保鲜的限制,真正走向世界。如今,黄岩柑橘及其加工产品远销至欧美、东南亚等地区,而围绕柑橘种植、加工、销售而形成的产业链条,更是滋养了千家万户,助力橘乡的乡村振兴,实现了人民的共富梦。

四、温州:东经纸文化艺术馆

"纸"是具有世界性特征的文化符号,纸文化是最具中国特色的传统民俗文化之一。温州的东经纸文化艺术馆集中展示了来自全国各地的各类纸艺品。艺术馆通过专题性的策划展现,反映了中国纸艺文化的整体面貌,是温州传承优秀民族文化成效展示的"重要窗口"。

在馆内游走,游客不仅可以看到苍南点色剪纸、鹿城驿头龙船花等民俗剪纸,还能见到具有年代感的温州粮油票;此外,还有十二生肖兽首、动漫纸模以及亚运主题展品等。

艺术馆特别开辟了一整个展厅来展示造纸的全过程,只要在大屏幕上点一点,做料、腌刷、燋刷(煮料)、洗刷、捣刷、踏刷、淋刷、烹槽、捞纸、压纸、分纸、晒纸、理纸、拆纸、捆纸、印记等十余道工序就以动画的形式呈现出来,推动群众近距离接触造纸技艺,感受非遗的魅力,弘扬优秀传统文化,不断激发全社会的文化自信和文化自豪感,努力营造全社会积极参与保护非物质文化遗产的浓厚氛围。

五、结语

除了以上介绍的博物馆,浙江省还有很多其他的小众博物馆,如绍兴市越龙钱币博物馆、金华市剪纸博物馆等,这些博物馆极具本土人文内涵,值得我们去探索和发现。

"浙"里的小众博物馆,它们可能不如大型博物馆那样知名,但各有特色,有着浓厚的历史和文化底蕴。在国际博物馆日这个特殊的日子里,我们可以探访这些小众博物馆,感受厚重的历史和人文气息,了解浙江特色文化的传承与发扬,探寻区域本土产业的发展脉络,在拓宽眼界、增加知识储备的同时提升审美水平,增强我们的文化自信和文化认同感。

执笔人:余楚凡

指导教师:邵　鹏

别让"非遗"成为"非议"

2023 年 6 月 10 日是文化和自然遗产日。

为进一步提高人民群众非物质文化遗产保护意识，传承弘扬中华优秀传统文化，营造非遗保护良好社会氛围，文化和旅游部把"加强非遗系统性保护、促进可持续发展"确定为 2023 年文化和自然遗产日非遗宣传展示活动的主题，集中开展非遗宣传展示活动。保护和传承好我国非遗文化，已经成为政府文化建设的重中之重。

随着文化交流的开展，他国"文化认领"的行为层出不穷，成为社会关注热点。例如，有日本网友宣称油纸伞是日本自古就有的，是日本传统文化的一部分，该话题引发网友对中国文化为何再度被他国"认领"的热烈讨论，一场网络上的中国"非遗文化保卫战"再次打响。

在非遗文化保护意识不断提高的当下，油纸伞作为我国非物质文化遗产，却被贴上了"和风""日式"的标签，其内在原因和破局之路，需要我们多加思考。

一、油纸伞的千年历史

中国是世界上最早发明雨伞的国家，早在春秋时期就有伞的相关记载。据传，最早的伞由鲁班的妻子云氏发明。为保护丈夫鲁班野外作业不被淋湿，"云氏劈竹为条，蒙以兽皮，收拢如棍，张开如盖"。

汉代以前，伞都由较贵重的禽类羽毛和丝帛编织而成，尺寸较大，价格高昂，普通百姓根本无法负担，贵族甚至一度用伞表明身份地位、彰显威严。《史记》记载："劳不坐乘，暑不张盖。"

在东汉蔡伦"发明"造纸术后，市面上逐渐出现了在纸面上涂熟桐油的油纸伞。同时，受益于制作成本下降，油纸伞开始出现在百姓的日常生活中。

唐朝时期，出现了专门用宣纸做伞面的书画油纸伞，文人雅士会在上油前在伞面上题诗作画。也是在这一时期，随着中外交流的增多，油纸伞传播至日本、朝鲜、泰国等地，结合当地的文化，有了各自的风格和名称。

宋代官员和百姓广泛使用绿色油纸伞。"狂风乱掣纸伞飞，瘦马屡拜油裳裂"，诗中的"油裳"就是油纸伞。《清明上河图》也记录了人们在集市上使用特有的"绿油伞"的场景。

作为"中国民间伞艺的活化石"，油纸伞不只是人们遮阳避雨的用具，它还寄托着人们的向往和期盼。

圆形的伞面象征圆满。古时，学子赴京赶考时会随身携带一把红色油纸伞，期盼平安、高中。

"傘"是"伞"的繁体字，包含5个人字，有五子登科的寓意。此外，油纸谐音"有子"，有"幸福美满、多子多孙"之意。因此，油纸伞也是嫁娶婚俗礼仪中不可或缺的物品。按照传统习俗，女方在结婚时都会准备一把红色的油纸伞。

在烟雨朦胧中，一把把饱含祝福的红色油纸伞，撑过千年的风雨和晴空，流传至今。

二、油纸伞的传承之路

为什么油纸伞文化在当今社会没有得到足够的重视？很大一部分原因是油纸伞制作工艺烦琐、耗时长，很少有年轻人愿意静下心来学习。

如何保护好、传承好我国的非物质文化遗产一直是学界和民间关注的焦点。简而言之，在非物质文化遗产的保护和传承上，我们应当守正创新，关注人才的培养。

我们也确实这样做了，政府落实支持性政策，社会自发组织宣传活动，人们对非物质文化遗产的关注度不断提升。但油纸伞"日化"的趋势仍然存在。归结起来，主要有以下两个方面的原因。

一方面,受现代工艺的冲击,机械化生产的金属骨架布伞以其成本低、制作效率高的优点逐渐占据市场的主导地位,国内油纸伞的市场规模逐渐萎缩。

另一方面,油纸伞在国人眼中逐渐变成精美绝伦的工艺品。而日本却仍保留着在重大场合使用油纸伞的习俗,并在部分动漫人物形象设计上加入相关元素,导致油纸伞逐渐"日化"。

油纸伞不应该被"束之高阁",而应当融入人民的日常生活之中。

使用才是最好的传承。如果缺乏现实的使用场景,单单依靠老一辈手艺人的情怀,油纸伞只能在古风、角色扮演等小众圈子里流行,能够覆盖的人群范围受限,那么传承后继无人的问题就无法从根本上得到解决。因此,让油纸伞大众化,融入人们的日常生活,才是传承的破局之路。

浙江余杭的油纸伞传承人,凭借所学的专业设计知识,对油纸伞进行了创造性转化。以更轻便的竹子取代木头做伞杆,以韧度更好、带有天然肌理的皮纸替代桃花纸,换用味道更淡、光泽更细腻的木蜡油;和潮牌服装跨界合作,将潮流元素融入油纸伞;打造迷你版油纸伞材料包,供人们体验从伞骨到完整纸伞的制作过程……传统的技艺加上创新的元素,"余杭纸伞"很快风靡市场。

"余杭纸伞"不仅拥有更为多样和多彩的伞面,还衍生出了庭院大伞、纸伞灯、纸伞亭、桌椅、装置艺术等新产品,频频亮相国内外设计展,将中国文化带向世界。

对产品进行融入时代元素的创造性转化,是众多非遗传承的未来之路。非遗传承不是匠人苦行,我们对非遗的重视,也不应局限于网络上的呼吁。只有与当今时代交互,才能更好助力非遗传承。

三、非遗强省建设

非物质文化遗产是传统文化的载体,它蕴含民族特有的精神价值、思维方式、想象力和文化意识,是文化自信的重要来源。以非遗传承中华民族文化基因,是我国保护传统文化、免受他国文化侵袭的重要一步。

2022 年，习近平总书记对非物质文化遗产保护工作作出重要指示强调，要扎实做好非物质文化遗产的系统性保护，更好满足人民日益增长的精神文化需求，推进文化自信自强。要推动中华优秀传统文化创造性转化、创新性发展，不断增强中华民族凝聚力和中华文化影响力，深化文明交流互鉴，讲好中华优秀传统文化故事，推动中华文化更好地走向世界。

在保护好、传承好非物质文化遗产方面，浙江始终走在前列。

2021 年，浙江省文化和旅游厅印发的《浙江省非物质文化遗产保护发展"十四五"规划》指出，到 2025 年，建成非遗强省，非遗保护传承体系健全完善，打造一批"重要窗口"非遗保护标志性成果；到 2035 年，建成更高水平的非遗强省，制度体系更加健全完备，具有浙江特色的非遗保护新格局全面构建，成为新时代全国非遗传承发展的示范区和样板地。

为推进非遗保护工作扎实有效开展，浙江省还设立了省非遗保护专项资金，并逐步加大非遗保护经费投入力度。2022 年，浙江省获得中央补助非遗保护资金约 3000 万元，并根据各地实际情况进行资金分配，用于非遗的保护和管理。

四、结语

每一个宏伟蓝图的推进，都需要微观的落点。非遗强省的建设并非一蹴而就，而是需要在未来的发展中将保护性政策落在实处、落到深处。

在"互联网+"背景下，政府应当推动非遗传承与数字技术相结合，构建不同类型的非物质文化遗产动态信息管理平台，并通过线上博物馆等形式，借助 VR 等技术，吸引人们的注意力。

此外，在坚持技术升级的同时，政府也须更好地"落地"非遗。把握好强调价值和实际效用之间的平衡，让非遗真正进入人们的生活。如此，才能打造新时代文化高地，全面彰显浙江深厚的历史文化底蕴和文化标识，让非遗不再成为"非议"。

执笔人：章羽帆

指导教师：李　芸

小小龙舟行，漫漫非遗路

碧波之上，千舟驶过，激起的水花在阳光中舞蹈。2023年杭州西溪国际龙舟文化节系列活动已经落下帷幕，西溪湿地皮划艇、桨板马拉松挑战赛等比赛精彩纷呈。

让我们跟着小小的龙舟，乘风破浪，赏杭城龙舟穿越千年的风采，思龙舟文化如何为非遗接力。

一、杭城龙舟，赛江南风采

"嚣张"高昂的龙头、庄严华丽的龙纹、迎风招展的旗帜、铿锵有力的吆喝声……在激动人心的鼓声中，运动员们展现着他们的团结和拼搏。

穿越千年的传统习俗"赛龙舟"，是庆祝端午节的主要项目之一。江浙地区在很早以前就有在农历五月初五以龙舟竞渡形式举行龙图腾祭祀的习俗，后因诗人屈原在这一天逝世，赛龙舟便成了汉族人民纪念屈原的传统节日习俗。杭州地处中国华东地区、东南沿海、钱塘江下游及京杭大运河南端，多水且河面宽阔，十分适合赛龙舟等水上活动。如今的赛龙舟不仅是一种体育娱乐活动，更是中国源远流长的传统文化的传承和人们团结友爱与进取精神的体现。

诗人和画家也爱在赛龙舟时赶个热闹。"竞渡船头掉采旗，两边溅水湿罗衣"是诗人王建对宫廷赛龙舟热闹情景的回忆；"共骇群龙水上游，不知原是木兰舟"体现了边贡对龙舟大赛的喜爱；"好是年年三二月，湖边日日看划船"表达了黄公绍对春季龙舟赛事的激动之情；"棹影斡波飞万剑，鼓声劈浪鸣千雷"表达了张建封对比赛壮观景象的惊叹。北宋画家张择端有两幅龙舟题材的作品，一幅是《西湖争标图》，可惜该画作在明代以后散失，而另一幅是《金明池争标图》，画中可以看出当时争标时的激烈场景，岸上的人们探出脑袋，神态各异，体现了人们对观看赛龙舟的热情。

宋代的杭城百姓在每年的春季都会在西湖举办大型的龙舟赛事，赛龙舟在当时已经相当于全民性的体育赛事了。宋仁宗皇祐二年（公元1050年），浙江等地暴发大饥荒，时任杭州知州的范仲淹便下令鼓励百姓举办龙舟赛。那年的龙舟赛办得格外隆重，杭州城里的老百姓纷纷走出家门参加龙舟竞赛，场面宏大，前所未有。与此同时，西湖边的茶楼、饭馆、客栈生意火爆，很多百姓也聚集到西湖边做小生意，杭城的经济活跃起来，百姓们从中获利，度过饥荒岁月。

提到杭城龙舟，不得不提的就是西溪的"龙舟胜会"了。西溪龙舟，始于唐代，盛于南宋，再到乾隆皇帝下江南时，被誉为"龙舟胜会"。西溪龙舟有多种形式，如"满天装龙舟""半天装龙舟""赤膊龙舟""泼水龙舟"等，具有浓厚的杭城地方特色。

二、西溪龙舟，为非遗接力

如今，小小龙舟划过悠久岁月，在同样一片湖面上激荡起杭州人民同样的激情。每到端午，杭州最热闹的地方非西溪湿地莫属。西溪深处不但有飘香的粽香和艾草香，更有演绎"激情与速度""坚守与传承"的故事。

2010年5月，文化部（现为文化和旅游部）公布了第三批国家级非物质文化遗产名录推荐项目名单，赛龙舟入选，列入传统体育、游艺与杂技项目类；2011年5月，赛龙舟经国务院批准列入第三批国家级非物质文化遗产名录；2019年11月，《国家级非物质文化遗产代表性项目保护单位名单》公布，杭州市西湖区蒋村龙舟协会获得"端午节（蒋村龙舟胜会）"项目保护单位资格，杭州市余杭区非物质文化遗产保护中心获得"端午节（五常龙舟胜会）"项目保护单位资格。

习近平总书记对非物质文化遗产保护工作作出重要指示，强调要扎实做好非物质文化遗产的系统性保护，更好满足人民日益增长的精神文化需求，推进文化自信自强。要推动中华优秀传统文化创造性转化、创新性发展，不断增强中华民族凝聚力和中华文化影响力，深化文明交流互鉴，讲好中华优秀传统文化故事，推动中华文化更好走向世界。

西溪龙舟文化节不仅唤醒了杭州人民心中那跨越千年的端午情怀，还传承了赛龙舟这一重要的非物质文化遗产。龙舟运动员们在赛场上展示着别样的风采，也用独有的方式传承了赛龙舟这一非遗文化。

为非遗接力最离不开的是非遗文化传承人，龙舟也一样。龙头是龙舟的灵魂，西溪龙舟的龙头精致鲜艳又威风凛凛，它们的制造离不开手艺人的"匠心"——制造龙头的工艺从龙嘴至龙角，有十几道工序，而最难的是雕刻龙嘴，一旦失手，便前功尽弃。老手艺人们专注于打磨自己的手艺，年复一年坚守在非遗传承之路上，他们的坚持为西溪龙舟增添了别样的色彩。

西溪龙舟胜会还将非遗文化传承与文旅融合，做出新形式，为游客提供沉浸式体验端午节的平台。每年的西溪龙舟文化节都会吸引众多游客。游客不仅可以观赏各式各样激动人心的龙舟竞渡，还可以参加丰富的民俗活动：不仅能观看端午系列文化表演，还可以亲自体验包粽子、做香袋的乐趣。游客在过上一个"仪式感"十足的端午节的同时，也在潜移默化地感受着非遗文化的魅力、传承着非遗文化的精神。

三、龙舟启航，行千里之路

非遗的传承需要年轻一代的支持。那么，具有杭州地方特色的西溪龙舟，如何更好地引发年轻人的共鸣，进一步为非遗传承接力呢？

（一）结合数字媒体，融入时代特色

想要一种事物在现代社会，特别是在年轻人当中较快传播，必不可少的就是利用数字媒体。与游戏团队合作，打造龙舟主题的网络游戏；与B站等平台合作，拍摄人们喜闻乐见的微电影纪录片，让龙舟也像国宝一样会说话，让制作传统龙舟的手艺人来展现不同形态的龙舟；开设直播龙舟比

赛的平台,让想看龙舟比赛的人不受地域限制;也可以像世界杯一样增加有奖竞猜环节;在西溪龙舟活动期间增加一些VR龙舟沉浸式体验点也不失为良策。

(二)创新推动发展,热血赋能龙舟

不同的龙舟项目有不同的比赛模式,有的是皮划艇形式,有的是出彩威风的大船形式。我们可以在竞渡系列比赛中增加参赛者自己设计、改装龙舟的比赛项目,吸引更多具有创新精神的年轻人亲手制作龙舟,如此,不仅能让自己喜欢的龙舟在西溪启航,也能让龙舟比赛更具娱乐性和观赏性。相比于速度,西溪龙舟更注重"花式"表演,因此还可以将更多的文化元素融入龙舟比赛中。

(三)扬非遗之帆,送龙舟出海

中国的龙舟走向国际,不仅能增进其他国家对中华文化的了解,还可以激发人们对传统文化的认同感和自豪感。在2010年广州亚运会上,龙舟首次成为正式比赛项目;2021年,在东京奥运会皮划艇的比赛场上,作为展示项目,中国龙舟进入奥运赛场;而在2023年的杭州亚运会上,龙舟再次成为比赛项目。

深入挖掘龙舟运动所蕴含的人文精神与民族情怀,促进龙舟运动与共建"一带一路"国家体育文化的交融;整合多元的力量,既有效利用政府优势,又充分发挥民间组织的灵活性和资源优势,打造兼容并包的国际交流平台;还可尝试打造冰上龙舟、海上龙舟等项目,增强龙舟运动的跨文化能力。

执笔人:孙　荃

指导教师:李　芸

西子湖畔花已绽，唐风宋韵踏"夏"来

盛夏已至，西湖满塘的荷正开得热烈。西湖边上出现了身着汉服的"卖花郎"和"卖花姑娘"，惹人注目，相关视频迅速火遍全网。

其实，他们并不"卖花"，只是通过问答的形式向路人赠送荷花，寓意"好运莲莲"。在烈日炎炎的夏天，一朵清香的荷缓解了人们的烦躁情绪，这场颇有创意的公益策划，既是对中华服饰文化的跨时空展示，也能带给人们美的视觉享受。

一、卖花担上的唐风宋韵

来往游人被这一道独具特色的风景线吸引，只要回答一些简单的问题如"你有什么要对大学毕业生说的话？""你想对即将举办亚运会的杭州说些什么？"，便可获得箩筐里的一枝荷花。在众多祝福语中，凝聚了古人审美与智慧的新时代国潮文化与大众不期而遇，"衣冠礼仪"积淀底蕴，"一步一景"再展风华。

"卖花郎"质朴憨厚颇有喜感，红色圆领唐衫符合唐朝开放、热情的时代品格。"卖花姑娘"清新脱俗不失优雅，一身宋制衣饰层层叠叠，可见悉心搭配。创作者向大众展现的不仅仅是典雅自然的服饰审美风尚，更是文化特色和生活习俗。卖花担上盛夏满盈，市井小民平凡多态。宛如《江南百景图》般的古风模拟，他们真正将古典文化"披"在身上，不断散发着经历了岁月沉淀的中华魅力。

二、汉服热，何以引发青春共鸣？

如今，中华优秀传统文化有着多样的年轻化表达。汉服正以自身独特的魅力在社会审美领域中占得一席之地，尤其对年轻群体产生强大的吸引力，逐渐形成一个充满活力的圈子。

（一）自然之美，人和之风，相得益彰

走过千年风雨的汉服，是经过沉淀的文化瑰宝。宽大袖口，象征"天""道"两相圆融；荷叶长裙，尽显中式禅意；深衣袍服，取之自然，包容万物。人们从汉服中窥见与自然亲近的理念，在天人协调的境界里感受自然与人文的"中和"之美。

众多对古风古韵进行现代阐释和活化利用的万千气象，彰显了杭州的浪漫、江南的诗意。"西湖+汉服"，呈现出自然的"去雕饰"之美，戴幞头、挑扁担、提灯笼、背箩筐，在映日荷花的衬托下，尽显国风古韵的独特魅力。良渚遗址远离尘嚣，以月见草、金鸡菊闻名的"诗经般场景"引无数汉服爱好者前往，彰显文化之沉淀。德寿宫修旧如旧的精致红墙，一砖一瓦诉说前世今生。法喜寺的玉兰树边，南宋御街的翘角檐下，一股绵延千年的淳古韵致正流动于心间。

衣冠之礼的背后，人物的气质与服饰的精美相得益彰，外在形制的生态审美和服饰文化的内在表征高度融合。

（二）衣冠环佩，一物一饰，古韵悠扬

汉服以平淡自然、端庄典雅、含蓄委婉的气质向我们展示了中国人平和自然、兼爱仁义的人生境界。汉服本身便是一个自成体系的完整系统。除了外在精致华美，汉服的文化意义更显丰厚。身披汉服，行传统礼仪，品古人经典，释精神风貌，文化自信由此树立。一靴一帽，一巾一饰，在举手投足之间，汉服发挥着无形的"正德"作用。"文"是一种内涵，"化"是一种气度，汉服以其思想之韧性、束人之品格，真正实现了以"文""化"人。

华夏民族的服饰文化历经千年之演进，虽然外在表象不断演变，但其

中的文化核心和精神内在却始终不变,增强了一代代人对中华文化的认同感和归属感。

(三)溯古望今,文化破圈,再现新潮

红衣绿袖画翘风,裙衫轻摇舞古风。文气与烟火、柔婉与风流,共同展示了汉文化的时代背景和审美记忆。在当代,汉服既是一种复古的风潮,也是一份经过加工的创造。

2023年6月,"2023文旅市集·杭州奇妙夜"活动在德寿宫—市方志馆—清河坊鼓楼小广场—杭州博物馆—吴山广场举行,"市列珠玑,户盈罗绮",引得杭州汉服圈万人空巷。当汉服遇上"Z时代",喜闻乐见的形式激发了文化内驱力,为传统文化的传播打造了良性循环。随着汉文化的复兴和古装剧的热播,近年来市场上出现了一众古风游戏,如《子衿》以汉服服制和穿搭方式为核心内容,《初夏重回汉唐汉服换装》以科普方式展现汉服的纯正之美。

汉服的破圈,让一幅幅唯美动人、情盛意满的画卷展现在我们面前,它凭借自身符合历史逻辑和审美逻辑的要素传承至今,自然生长,时时更新。

三、传统文化之花,何以馨香永驻?

文化的长河需要源源的活水才能川流不息,民族的精粹需要经世致用才能不至于被束之高阁。我们需要汲取更多智慧,使传统文化永葆清香。

(一)发掘周边行业,实现双向互动

随着汉服热潮的兴起,穿汉服成了许多青年人的一种爱好。同时,汉服的周边行业也在崛起,"妆娘""簪娘"应运而生。与汉服相关的行业因汉服文化的走红而获得生命力,并对汉服文化产生积极影响。

汉服圈应当把握风口,实现文化与经济双重发展。摄影、妆造、服装出租、配饰设计等衍生行业,都有一定的发展空间。此外,加大汉服周边的开发力度,在古风游戏、情境体验等模式的基础上实现突破。在汉服文

化和游戏体验交融的过程中，汉文化能够得到普及与发展。

（二）创新传播形式，打造优质内容

汉服不仅要"破圈"，还需要"扩圈"。汉服文化的传播主体应追求形式与内容的双重提升。

在传播形式上，除了在线上发布精美视频吸引大众，还要积极组织线下的文化交流活动，通过群体爱好者的向心力与感染力吸引其他潜在受众，以"汉服文化节""汉服试穿会"等形式助力传播。在内容上，须打造高质量内容，警惕低端引流，并要在自己的传播领域精耕。面对普通大众，网红式传播发挥自身优势，从视觉角度展现汉服之美；面对深层受众，文化宣传式传播则可以深入介绍文化内涵，满足受众的文化需求。此外，亦可借助服装展览、讲座交流等文化传播活动，进一步引导大众认识传统服饰，真正让汉服成为中华民族的"金名片"。

（三）调动文化因子，推动发展联动

"西湖+汉服"，于西湖而言是一份幸运，于游人而言也是一场盛宴。借助风景名胜的文化资源转化文化产品，是打造汉服品牌的一条路径。

作为一种民族的服饰体系，汉服鲜明的风格特色决定了它与其他文化因子存在内在联系性。茶道与汉服同为中华民族的精粹，当两者相遇，"与子同袍，茗动天下"。在盛夏时节推出"围炉冰茶"，穿汉服，解清凉，也有别样风味。

（四）秉持活态传承，打破古今壁垒

如今，虽然穿汉服的人逐渐增多，但多数只是在旅游玩乐、拍照打卡时偶尔穿一下，也有些爱好者只是将汉服用作收藏。由于大众印象中的汉服往往是偏向精美的礼服，所以在普通的生活场景中，人们一般不会选择穿汉服。为实现汉服文化的有效传承，我们须改变固有印象，推动汉服融入日常生活，为汉服的传承与发展创造更为广阔的空间。

事实上，除了礼服与制服外，汉服也有适合日常穿着的便服。一些

城市推出"穿汉服免费坐地铁""穿汉服免费游园"等政策,有效促进了汉服文化的推广。在此基础上,可出台更多的激励措施,如"穿汉服购物打折""穿汉服免费停车""穿汉服赠送小食"等等,在丰富的消费形态下,让"汉服热"持续升温,解决汉服普及"落地难"的问题。

四、结语

"中国有礼仪之大,故称夏;有服章之美,谓之华。"一件深衣是一份信仰,一种气度亦是一种文化。一幅承载着民族气质和民族精神的水彩画正在时间的笔墨下慢慢渲染,而映入人们眼帘的,皆是不期而遇的美丽。

执笔人:陶　叶
指导教师:张李锐

生态篇

新在能源，新在低碳

2022 年 12 月 29 日，中国首个"低碳城市建设水平指数"发布。在中国 36 个大型城市中，杭州在低碳建设方面取得的成效位居前三。杭州始终牢记习近平总书记赋予的"生态文明之都"城市定位和"努力成为美丽中国建设的样本"的殷殷叮嘱，为低碳城市建设提供了许多杭州经验、杭州智慧，在新能源发展方面也起到了带头作用。

能源是我国经济发展不可或缺的重要资源。工业发展与进步离不开能源供应，传统的化石能源不可再生且有污染环境的弊端，而新能源有着清洁、环保、可持续等优势，于是扶持新能源行业发展逐渐成为我国实现绿色低碳发展的重要途径。

一、新能源从何开始？

新能源是如何逐渐替代化石能源为我们所用的呢？

自 2006 年《可再生能源法》实施以来，我国新能源行业不断发展、日益成熟，取得了令人瞩目的成绩。截至 2020 年年底，我国新能源装机容量超过 5.3 亿千瓦，新能源开发利用规模位居全球首位，同时我国光伏发电新增装机占新增总装机的 52.8%，连续 11 年居世界首位。

以浙江为例，近年来，浙江新能源装机容量持续增加。截至 2020 年年底，浙江新能源装机容量达到 1702 万千瓦，占电力总装机容量的 16.8%，最大出力超过 1000 万千瓦，成为浙江第二大出力电源。国网浙江电力预测，未来浙江电力能源结构将发生"翻天覆地"的变化，从煤电为大，油电、气电和新能源为小的"一大三小"，转变为煤电、油电、气电为小，新能源为大的"三小一大"。

从服务"脱贫攻坚"到助力"乡村振兴"，从满足基础的用电需求到成为低碳城市、绿色转型的新标杆，新能源正在悄然改变普通人的生活。

2020年10月，在能源行业决战决胜脱贫攻坚有关情况发布会上，国家能源局局长章建华指出，光伏扶贫工程收益稳定、见效较快，直接带动脱贫作用明显，全国累计建成2636万千瓦光伏扶贫电站，惠及近6万个贫困村、415万贫困户，每年可产生发电收益约180亿元。

中国的脱贫攻坚战已经取得全面胜利，但那一个个助力脱贫摘帽的光伏电站并没有就此退场，源源不断的绿色电力将继续支撑乡村振兴战略。

在建设美丽乡村的同时，绿色城市、低碳城市也成为新能源发力的主战场。新能源与建筑、交通等领域正在深度融合。在碳中和园区高效运转的背后，城市用能方式正在向智能化、低碳化转变。

二、绿色转型从何推进？

党的二十大报告指出，我们要加快发展方式绿色转型，实施全面节约战略，发展绿色低碳产业，倡导绿色消费，推动形成绿色低碳的生产方式和生活方式。

近年来，绿色低碳产业在倡导绿色转型、全面节约的大环境下蓬勃发展，清洁能源、动力电池、环保家具等行业纷纷崛起，不仅为减少碳排放、保护环境等重大任务贡献自己的力量，更为百姓提供了一种绿色低碳的生活方式。

以浙江省为例，各地助力生产方式绿色转型，为高质量绿色发展注入强大动力。浙江省碳达峰碳中和工作领导小组办公室组织了2022年度绿色低碳转型典型案例征集评选工作，经专家组评审，选出了40个囊括产业绿色转型、能源低碳发展等类别的典型案例，如杭州市临平区的园区循环化改造、嘉兴市海盐县的核能供热示范工程等等。

党的二十大报告还指出，要积极稳妥推进碳达峰碳中和，立足我国能源资源禀赋，坚持先立后破，有计划分步骤实施碳达峰行动。

浙江省为贯彻落实《中共中央 国务院关于完整准确全面贯彻新发展理念做好碳达峰碳中和工作的意见》,提出了以下计划:强化公众节能低碳理念,举办全国低碳日等主题宣传活动;培育绿色生活方式,推进垃圾分类,推广绿色包装;推动全省统一的碳普惠应用建设,开展全民碳普惠行动,逐步加入绿色出行、绿色消费、绿色居住、绿色餐饮、全民义务植树等项目,引导公众践行绿色低碳生活理念。

秉持"开通绿色低碳场景,用行动守护美好环境"的理念,"浙江碳普惠"应用已在"浙里办"平台正式上线,应用包含"绿色出行""线上办理""绿色消费""绿色社区""普惠公益"等五大模块,用户获取积分可兑换各种权益,体现了浙江省积极助力生活方式的绿色转型、努力为碳达峰行动交出一份满意答卷的信念。

三、浙产新能源汽车如何崛起?

快如疾风,新能源汽车产业已成为当下浙江工业经济增长的重要引擎。2022年,浙江省11个设区市单体投资额最大的制造业项目,有5个涉及新能源汽车产业。从新能源汽车头部品牌来看,既有快速转型的传统品牌吉利,也有近年来快速崛起的造车新势力合众、零跑。

2022年9月,浙江新能源汽车产量占全国新能源汽车产量比重首次突破10%。在中国新能源汽车品牌群雄并起、行业快速发展的大背景下,浙江夺得了一席之地。

风口上的新能源汽车,成为浙江招商引资的重点方向。2022年,在浙江超过600个重大制造业投资项目中,有100多个项目与新能源汽车产业有关。

国家也出台相关政策助力新能源汽车的进一步发展。例如,国家发布《关于2022年新能源汽车推广应用财政补贴政策的通知》,对新能源汽车相关补贴政策做出了调整。

购置新能源汽车有诸多好处。一是经济环保,新能源汽车的使用成本低廉,能量转换效率高,可回收制动下坡时的能量,以提高能量的利用效率，还不会产生废气。二是低噪声，新能源汽车所产生的噪声几乎可以忽略不计。三是有了"第四块屏"，目前在售的新能源汽车，基本上都将电动化、智能化、网联化高度融合了。浙产新能源汽车走在前列，不仅造福了广大人民群众，也使得马路不再"碳烟"四起。

四、结语

新能源的发展优化了中国的能源消费结构，国家也为新能源的发展提供了良好的环境。浙江的很多企业更是积极响应党的二十大提出的"绿色低碳"号召。以天能集团为例，作为行业领军者，其将技术创新作为有力抓手，持续推动浙江乃至全国实现全面绿色转型，为低碳城市建设贡献了自己的一份力量。

建设低碳城市乃至建设美丽中国都离不开新能源的发展，我们一定要积极参与新能源的开发和建设，促进新能源高质量发展；坚持创新驱动与技术引领，持续推动新能源降本增效；加强国际合作，积极构建互利共赢的新能源发展格局，让新能源得到可持续发展，持续为碳达峰行动提供助力。我们力争让绿色低碳融入我们的生产与生活方式之中，让地球不再"乌烟瘴气"！

执笔人：程　格
指导教师：邵　鹏

丽逸江南！"浙"里和水资源有个约定

2023 年 3 月 22 日是第三十一届"世界水日"。如何合理利用和保护好水资源、提升水治理能力，是各国关注的重要课题。

浙江因水得名，倚水而兴，钱塘江、瓯江、甬江等八大水系纵横，杭嘉湖、姚慈、绍虞、温瑞、台州五大平原河网密布，水的灵气和秀美之态，款款呈现在这片土地之上。浙江多措并举，助力碧水长清。

一、以笃行之举，推进高效用水、节水双保障

世界水日的一大目标便是唤起公众的节水意识，加大水资源保护力度，建立一种更为全面的水资源可持续利用的体制和运行机制，以推动水资源的综合性统筹规划和管理，解决日益严峻的缺水问题。水利建设一直是浙江重点发展方向之一。尽管浙江水资源丰富，但是保护水资源以及提高水资源利用率依旧刻不容缓，各地也在以不同方式发展"浙"里水利。

2022 年，浙江省水利建设完成投资 703.1 亿元，又一次创下历史新高，重大项目完成投资 340.0 亿元，同比增长 25.3%。扩大杭嘉湖南排后续西部通道工程、清溪水库等 60 个重大项目开工，开化水库等 115 个重大在建工程与时间赛跑，镜岭水库等 118 项重大项目前期工作稳步推进……浙江水利基础设施建设的步伐，迈得愈加稳健。

2023 年年初，一个"横跨六十载、接力几代人"的"饮水梦"终于得以实现——浙江省缙云县潜明水库引水工程顺利通水。汩汩清流引入千家万户，解决了缙云饮用水安全问题。这是浙江走好兼顾安全、优质、生态等多维度高要求的水利设施建设道路的缩影。攻坚克难的号角在全省各地吹

响。台州朱溪水库，项目组率先使用开敞式TBM掘进工艺，克服复杂地质条件，1146个日夜连续奋战，最终打通28.5公里隧洞；浙水股份海塘工程施工项目部开展红色筑塘攻坚先锋活动，克服西江塘强涌潮地区施工所面临的诸多困难，高效推动工程建设，荣获全国工人先锋号；衢州开化水库全长48.1公里的输水隧洞不断出"新题"，建设过程"步步惊心"，但最终，项目组实现了经济效益和生态效益双赢的建设目标。

在节水方面，浙江也积极创新理念和方法。以金华永康为例，其将农村供水管网漏损监测模型和漏损监控平台接入永康市"智慧水务"供水一体化管理平台，实现了对各DMA分区管网漏损的动态监测以及管网漏损事故的及时预警与漏损区域的精准定位，坚持数字赋能，注重规划引领，农村供水管网的控漏水平得以提升。亦有诸多地区构建全域范围内的社会节水新机制，开创节水新格局。丽水经济技术开发区便是一个很好的例子，其秉持"抓节水，促发展"的发展理念，实现了从"节水为先"到"节水优先"的转变，在水资源高效利用方面起到了示范作用。

二、以奋进之姿，激起治水、护水新浪花

自2013年浙江省以"绿水青山就是金山银山"理念为指引，打响"五水共治"攻坚战起，浙江省不断进行自我提升，力争为处理治水难题的"中国方案"提供浙江答案。"治水惠民生，兴水促发展"，许多地区精准发力，以治水为突破口，推动区域高质量发展：杭州市西湖区探索流域生态治理新模式，以"一汪清水"推动经济朝高质量发展的方向转变，打造的景区吸引众多游客前来参观，一大批优质绿色产业相继落户紫金港科技城，农民也实现了增收致富；宁波市北仑区"点沙成金"，大力开展梅山湾美丽海湾建设，集全区之力推动近岸海域污染防治工作，"陆海统筹、河海兼顾、上下联动、协同共治"的治理新模式成效显著；湖州市南浔区善琏镇窑里村聚焦农旅融合产业，以"水美环境"推动"水美经济"，让"生态水"变成"富民泉"，幸福河湖赋能美丽经济……可谓以水兴业，激活"共富基因"。

与此同时，各类保护措施相继实施，力争让更多的水清澈而透亮，让

灵山秀水铺陈生态画卷。例如,淳安县积极探索千岛湖保护与发展新模式,整合多元力量,打破行政区域壁垒,统筹推进千岛湖上游多条河溪水环境、水资源、水生态的系统治理。既通过包含水质评价、问题处置等细致内容的规则考核河湖长的履职情况,建立河湖长制工作联席会议制度以直观呈现涉水的相关问题,又搭建乡镇层面的流域共治框架体系,推动治理信息共享和机制互通。同时,利用数字技术促进智慧管理,启用千岛湖水质水华预测预警系统,依托现代化科技手段进行水源数据监测,进而维护千岛湖的良好环境。

三、以协同之态,奏好惜水、爱水新乐章

协同共治,共守江南气韵,是浙江书写"水故事"的重要环节。

在水利建设、水资源保护以及提高利用率方面,不仅政府在推动,企业也在出力——维达纸业(浙江)有限公司采用国际先进设备和技术,例如纸机白水多圆盘分级与回用技术、造纸梯级利用节水技术等,极大促进了工业"三废"的回收利用,年节水总量可达25万吨,在同类造纸企业中发挥带头作用;浙江国镜药业有限公司坚持绿色、循环、节能、低碳的发展理念,引进先进消毒模块代替蒸汽消毒,将水资源利用率提升至98%;浙江一鸣食品股份有限公司建设计量预警、冷却水回用、冷凝水回用、CIP清洗水回用、尾水回用等五大综合节水系统,用水效率实现大幅度提升……越来越多的企业响应保护水资源的号召,走上转型升级、科学发展之路。

浙江也致力于提升水文化影响力,打造精品引领工程,不断丰富文化传播模式与手段,加强精神文明建设。

四、结语

浙江人民与水的故事跨越历史长河,从"上山文化"中的神秘古河道,到"跨湖桥文化"中的独木舟;从"河姆渡文化"中的防洪建筑和古井,到"马家浜文化"中的开渠引水,水宛若孕育文明的摇篮,其生命力已融入一代代"择水而栖,择江而居"的浙江人的血脉。如今,浙江一方面加强对治

水遗产遗迹、滨水历史建筑和涉水历史文化古迹的保护，深入挖掘、研究水文化资源，出版全国首部地方水文化丛书"浙水遗韵"，另一方面持续营造全社会惜水护水的良好氛围，通过建设节水教育基地、构建各具特色的流域水文化长廊、强化对民间组织治水活动的引导与扶持、推进水文化驿站等亲水便民设施及休闲景观节点建设等方式，多管齐下，让社会各界携手爱水蔚然成风。

执笔人：夏楠、张馨艺

指导教师：李 芸

持续"碳"索，向"绿"而行

2023 年 4 月 22 日，我们迎来第 54 个世界地球日，全球宣传主题是"众生的地球"，我国以"珍爱地球，人与自然和谐共生"为宣传主题。世界地球日是一个专门为世界环境保护而设立的节日，旨在提高民众对现有环境问题的认识，并动员民众参与环保运动，通过绿色低碳生活，改善地球的整体环境。

2020 年 9 月，习近平主席在第七十五届联合国大会一般性辩论上郑重宣布，中国二氧化碳排放力争于 2030 年前达到峰值，努力争取 2060 年前实现碳中和。

在"双碳"目标的引领下，全国各地在"十四五"规划中都亮出了碳达峰、碳中和的行动方案，其中，浙江是把目标精确到数字、时间表、路线图的省份。那么，做"双碳"目标领跑者，浙江的底气何在？

一、发布全国首个省级财政支持"双碳"的政策

2022 年 6 月，浙江发布《关于支持碳达峰碳中和工作的实施意见》（以下简称《实施意见》），标志着全国首个省级财政支持碳达峰碳中和的政策出炉。《实施意见》指出，到 2025 年，初步建立有利于绿色低碳发展的财税政策框架，支持各行业领域加快绿色低碳转型，多领域、多层级、多样化低碳零碳发展模式取得突破；2030 年前，有利于绿色低碳发展的财税政策体系基本形成，促进绿色低碳发展的长效机制逐步建立，推动全省碳达峰目标如期完成，为实现碳中和奠定坚实基础；2060 年前，财政支持绿色发展的政策体系成熟健全，推动碳中和目标顺利实现。

为确保目标达成，浙江打出"四张牌"，分别是优化财政支出政策、落实相关税收政策、完善政府绿色采购政策和深化多元化资金投入机制。

二、减污降碳、协同增效场景应用上线

浙江省首创减污降碳协同增效指数，该指数包括协同效果、协同路径和协同管理 3 个维度，实现对协同效果和措施进展的定量化跟踪、评估、反馈，为全国探索减污降碳协同增效路径提供浙江方案和浙江经验。

为推动减污降碳协同增效，促进经济社会发展全面绿色转型，浙江省生态环境厅在全国率先启动"减污降碳在线应用场景"建设，通过迭代升级原有碳账户应用，以监管闭环和企业服务两个多跨场景作为小切口，探索构建从源头、过程到末端全过程减污降碳协同管理服务体系，助力生态环境质量稳步提升。

"减污降碳在线"应用场景以多跨协同数据为基础，与发改、统计、经信、金融等部门共享数据，建立重点企业减污降碳数据一本账，同时研究减污降碳协同增效指数，综合评价区域、企业减污降碳协同水平。

下一步，"减污降碳在线应用场景"将持续优化升级，为实现减污降碳目标和美丽中国目标探索新路径，做出浙江贡献。

"绿色"既是浙江经济发展的底色，也是杭州亚运会的重要办赛理念之一。杭州亚运会将可持续发展贯穿于亚运会筹备、举办和赛后利用的全过程、各领域、各环节。

三、亚运会场馆设施用上绿电

杭州亚运会 56 个竞赛场馆全部使用绿电，这是亚运会史上首次实现 100%绿色电力供应。

绿电交易，是指允许用户通过属地电力交易中心，开展光伏、风力发电的电量交易，实现用电零碳排放的目标。目前浙江的绿色电力主要来自省内光伏电站和部分省外可再生能源发电站。通过绿电交易，来自四川、宁夏等地的电力运往杭州，为亚运会赛事供能。为确保杭州亚运会 100%

绿电供应,国网杭州供电公司联合杭州亚组委、浙江电力交易中心组织了两次绿电交易,将来自青海柴达木盆地、甘肃嘉峪关等地的绿色电能,通过特高压直流输电工程等"西电东送"大通道输送至浙江。

杭州亚运会组委会场馆建设部副部长严晓鹰说:"亚运场馆使用绿色电力,是落实绿色办会理念的具体举措,对于加快推动浙江能源绿色低碳转型,助力高质量实现碳达峰目标具有重要的促进作用。"

同时,国网杭州供电公司在亚运会相关区域打造"净零碳"发展领跑区,引入未来社区的概念,建设集储能站、光伏站、数据中心站、变电站、直流站、充电站"六站合一"的多能互补直流微网示范,全过程在线采集与智能分析运动员入住期间产生的能耗,倡导低碳入住,打造亚运零碳样板社区。

四、人人参与,助力亚运碳中和

本着"亚运建设,绿色先行"的理念,自 2018 年起,浙江连续 5 年选址杭州市亚运村建设地块景观绿化带开展义务植树、共建亚运林活动,累计植树 200 余亩、1 万多株,形成了一条长度约为 4 公里的"绿色丝带"。

浙江把"我为亚运种棵树"活动列入 2022 年省总林长第 1 号令,以植树节为重要节点,在全省各地动员开展"我为亚运种棵树"主题系列活动,传递"绿色低碳"亚运办会理念,全省超 800 万人次参加,植树 2000 多万株。

与此同时,浙江上线"浙里种树"小程序,在全国率先实现义务植树网上预约、扫码种树、落地上图、计算积分等功能,方便社会群体义务植树。截至 2023 年 3 月,全省通过"浙里种树"小程序登记开展活动已超 200 场次,8000 余人次参与活动,实现义务植树落地上图 2.4 万株,有助于提升全社会的绿色减碳意识。

多年来,浙江将林业碳汇作为"双碳"工作的重要内容。林业碳汇开发是支撑碳中和的有效途径,通过管理开发形成碳减排量,抵消活动中产生的碳排放量,实现碳中和。在"双碳"发展的格局下,浙江林业助力亚运碳中和的行动一直跑在前端。

五、结语

浙江是“绿水青山就是金山银山”理念的发源地，良好的生态环境是浙江最鲜明的底色。浙江不仅努力打造亚运会、亚残运会历史上首届碳中和赛事，还将其中的有效举措总结提炼为大型赛事活动绿色低碳运营地方标准，为亚运会、亚残运会后省内活动提供示范，培育更具浙江辨识度的碳中和标志性成果。

执笔人：章可欣

指导教师：李　芸

"浙"里江河，说不尽"浙"里故事

以钱塘江旧称得名的浙江，既拥有逶迤清碧的江南柔美之韵，又兼具磅礴浩然的汹涌奔腾之势。百里江河，绵延千年。让我们趁着诗与清风，去聆听江河诉说的"浙"里故事。

一、楠溪江

"罗列河山共锦绣，浮沉沧海同行舟。"谢灵运驻留永嘉期间执笔写下数篇佳作，将悠悠楠溪江融于绵绵诗意之中。

楠溪江是永嘉人民的母亲河。古名瓯水的楠溪江，是浙江省东海独流入海河流瓯江的第二大支流，干流总长约为140公里，流域面积约为2490平方公里。

历经千年的人文陶冶，楠溪江已成为文化的摇篮。融合了山水文化和古村文化的楠溪江流域，至今仍保留着新石器时期的文化遗址及宋、明、清的古塔、古桥、古亭、古牌楼等名胜古迹，产生了永嘉昆剧这一人类宝贵的精神财富，涌现了永嘉学派等思想流派，也留下了谢灵运、陶弘景等大家的足迹，在浙江文明史上留下了浓墨重彩的一笔。

楠溪江也是一条哺育了浙商精神的河流。在十四届全国人大一次会议记者会上，李强总理再提"四千精神"，赞颂的是浙商精神。在楠溪江的哺育下，温州人走遍千山万水，想尽千方百计，说尽千言万语，吃尽千辛万苦，顺应改革开放的步伐，凭借敢闯敢拼的魄力，使温州成为如今浙江省三大中心城市之一。温商的汗水既浸润瓯越大地，也流淌在碧波荡漾的楠溪江中。诉不尽的曲折、坚韧，化为江水中粼粼的波光，流向远方。

作为旅游大省的浙江省，旅游业是支撑浙江省未来发展的大产业之一，是值得深度挖掘的"黄金产业"。永嘉县依托楠溪江这一自然资源优势，打造特色民宿，举办东海音乐节、夜幕派对等活动，将夜产品融入永嘉乡村夜经济中，打响"夜游楠溪"品牌，找到了旅游经济增长的"新爆点"。2022年，永嘉县全年接待海内外游客 1955.03 万人次，实现旅游总收入 224.88 亿元，比上年增长 0.9%，振兴了文旅消费市场。

二、新安江

"湖经洞庭阔，江入新安清。"源于皖南，流经淳安，澄碧如镜，这便是新安江。新安江，属钱塘江水系，发源于安徽省休宁县境内，长 373 公里，流域面积达 11600 平方公里。

新安江是一条集山川秀水、人文荟萃的古老河流。

2023 年年初，建德市新安江街区举办民俗旅游文化节，美食小吃、宋韵舞蹈、花灯祈福等让古朴的街道充满了生机与活力。

千年新安江见证了无数建设者自强不息的奋斗史。作为中国第一座自己勘测、设计、施工和制造设备的大型水电站，新安江水电站的建设过程充满荆棘。

20 世纪 50 年代，华东地区过于依赖火电，浙江电力资源匮乏，建设水电站成为紧迫议题。1957 年，新安江水电站正式开工建设。

面对技术瓶颈、物资短缺、施工风险等困难，无数人民砥砺前行。他们自强自立的奋斗精神，与数十万移民背井离乡，甘愿牺牲的奉献精神，共同形成了中国电力建设的光辉历史。

1959 年，周恩来总理视察新安江水电站建设工地，题词："为我国第一座自己设计和自制设备的大型水力发电站的胜利建设而欢呼！"，激励了全体建设者。

这段历史值得我们铭记，需要我们在"浙"里传承伟大的"新安江精神"，为"浙"赋能，绘就"浙"里的宏伟蓝图。

三、富春江

"长忆孤洲二三月，春山偏爱富春多。"登上严子陵钓台，赏江水如画，峰峦叠嶂，仿佛置身于现实版的富春山居图。

富春江连接西湖与黄山，长110公里，流经桐庐、富阳，属钱塘江上游，承担航运功能，被誉为"黄金水道"。

富春江的刚柔并济之美，与泱泱江水之风骨，造就了"浙"片土地上的人文底蕴。文人墨客的诗词歌赋，也给富春江留下了不朽的财富。

在与富春江有关的文物中，元代黄公望所作的《富春山居图》最为有名。黄公望隐居富春江畔之际，赏遍江畔之景，用水墨画出了重峦叠嶂、白雾缭绕、水波灵动、松柏葱郁，还原了自然的本真美。

富春江哺育了一代又一代具有拼搏精神的后人。富春江畔的创业者们脚踏实地，在困境中寻找机遇，他们一方面加大投资力度，为乡村振兴、慈善事业作出贡献；另一方面审时度势，加快打造循环经济，实现高质量发展。

正是这种"干在实处，走在前列，勇立潮头"的浙江精神，使得浙江企业不断发展壮大，将浙江人敢于创新、勇于拼搏的钱塘风范发挥得淋漓尽致。

四、结语

江水哺育"浙"人，"浙"人以实效回馈江河。浙江人奋勇争先的开拓精神，定能顺着江河，继续在"浙"片土地上书写未来故事。

百里江河，诉不尽的是浙江史、浙江情、浙江魂，铭记"浙"里江河的人文历史，提升对"浙"里的文化自信与认同感，挖掘江河所孕育的浙江精神，为"浙"里未来贡献力量。

执笔人：沈研妍

指导教师：张李锐

梅雨难止休，"浙"里清凉依旧

2023 年 6 月，浙江多地官宣入梅。梅雨季节的闷热感和潮湿感，让宅在家里的人们不禁想去清凉地透透气。

那在浙江大地上，能够觅得哪些清凉？觅得怎样的清凉？清凉又如何延续？

一、何处觅得清凉？

若要觅得清凉，可以去以下这些地方看看。

湖州的莫干山被誉为"江南第一山"，享有"清凉世界"之美称。位于平湖市的九龙山国家森林公园集山、海、岛、滩于一体，形成了独特的江南滨海风光。

形成于约一亿年前的金华双龙洞，素有"水石奇观"之誉，拥有灿烂悠久的历史文化，是一处非常重要的自然遗产和文化景观。

被誉为"中华第一高瀑"的百丈漈瀑布位于浙江省温州市文成县境内，瀑布如同一条银色的巨龙从天而降，气势磅礴，令人叹为观止。

舟山的海岬公园，其沿线有 5 个海湾、6 个海岬，公园里有 8 个大小不一的沙滩。宁波的渔山列岛被誉为"亚洲第一钓场"，三三两两的海钓人，一人一竿一世界，甚是和谐。台州的大陈岛素有"东海明珠"之称，岛上有碉堡、水牢、战壕等战争遗址，可谓富有传奇色彩的岛屿。

二、觅得何种清凉？

或许清凉的地方并不热门，热门的地方也并不一定清凉，但是能够持久清凉的地方,一定具备热门地的特征,那么热门的清凉地都有哪些共同特征呢?

一是交通通达度高。莫干山的地理位置优越,飞机、高铁、汽车都可以到达此处。便利的交通,可以让我们更快、更方便地抵达清凉地。

二是植被覆盖率高。莫干山的植被覆盖率高达92%,百丈镇的森林覆盖率达到85.7%,百山祖国家公园的植被种类更是堪称华东地区最丰富的。无论气温如何,绿色植被总能在视觉上给人带来最直接的清凉感。

三是服务配套较齐全。莫干山的民宿十分有名,既有具有乡土文化的质朴民宿,也有具有时尚元素的新潮民宿。舟山、台州、宁波的民宿也因海岛特色而备受游客青睐。

四是拥有符合互联网传播特质的取景地。一望无际的草坪、绵延不绝的山脉、碧波荡漾的海面,总是能够勾起人们出游的心,吸引人们前去拍照打卡。

三、清凉如何延续?

2005年8月15日,时任浙江省委书记的习近平同志在湖州市安吉县天荒坪镇余村考察调研时,首次提出"绿水青山就是金山银山"这一重要理念,其带来的效益不言而喻。

如今随着社会经济的发展,人民群众对优美生态环境的需求日益增长,从"盼温饱"到"盼环保",从"求生存"到"求生态",生态环境问题已经成为重要的民生问题之一。其中,坚持系统观念、强化法治保障、坚持开拓创新,对践行"绿水青山就是金山银山"理念具有重要意义。

四、结语

浙江依靠独特的地理环境,立足于绿水青山,孕育阵阵清凉。

云尽月如练,水凉风似秋。择一个闲暇时间,哪里凉快就上哪里去吧。

执笔人:董力羽

指导教师:邵 鹏

致 谢

成就一篇好的新闻时评不仅需要敏锐的洞察力，更要心到手快、材料丰富、文字确凿。从构思到成稿，整个过程既是个人的学术思辨之旅，也是团队的配合之战。本书的集辑出版，得到了诸多师生朋友的帮助，在此要感谢许多人。

首先要感谢浙江工业大学健行学院和人文学院对融媒时代学科建设和教学实践"新型试验田"的大力支持，尤其要感谢浙江工业大学健行学院资助了本书的出版。突破课堂和学科壁垒的教学发挥出了"洪荒之力"。只有真正把学科融合和课程思政落到实处，思想的种子才能长成一棵大树，写作才能产生强大的社会影响力。

感谢之声同样要送给我们的青年学生。感谢他们愿意同我们分享喜怒哀乐，分享时事观察，愿意静坐书斋，挑灯夜战，以新闻人的专业准则严格要求自己，用严肃认真的态度对待宏大叙事中的"细枝末节"。他们迅速进入角色，在短时间内完成了一篇又一篇的佳作。他们变得更有信心，对自己和对新闻皆然。在席卷而来的"新闻学之争"中，他们变得更加笃定，更有魅力，这是对指导教师们的一种肯定。

非常感谢参与时评写作和文章引荐的每一位指导老师。他们不辞辛劳，事必躬亲，一对一辅导学生写作，细致入微，关注每个细节。他们言传身教，从写作知识到思维框架，从学术生活到人生观念，用更专业的分析为学生提供了多元视角和内容资源。

感谢所有参与编辑本书的青年学生：李岚、张新宇、杨家乐、代薇、金琳沁、俞天和陈嘉敏等同学，他们为本书的出版付出了巨大的努力，事无巨细。

感谢浙江大学出版社卢川和吴沈涛两位编辑老师，以及相关编审老师，他们提出了建设性意见，帮助本书顺利问世。

写此致谢，感慨颇多。这是对一年来所有参与本书编写的师生朋友的回馈，也是对教学成果的全面复盘。未来的新闻教学，还有很长的路要走。西子湖畔，钱塘潮头，坚守新闻人的求真务实，做好新时代的课程改革，立思想源头，发之江宏声，我们将带来更多精彩的作品。

本书指导教师组

2023 年 8 月 15 日